고액방

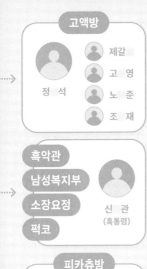

정 석

- 제갈
- 고 영
- 노 준
- 조 재

흑악관
남성복지부
소장요정
픽코

신 관
(흑통령)

피카츄방

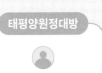

강 서 (잼까츄)

태평양원정대방

이 민 (태평양)

박사 후계자,
태평양원정대방 개설

찐 반데이크

임 식
(블루99)
남경읍

중앙정보부방

KB065183

− 밀짚모자노피 프리메이슨 뭘후라보노
피해자 유인 공범

호릴릴푸푸 한나 선호박 CRAT
공범

대한민국창녀DB방

김 훈

어린이갤러리방

정 진 (루루루)

상공회의소방

심 (김마스터)

한국인잡담방

Kanghodong

배 열
(배준환 스승)

성착취물 제작, 성폭행

배준환

미성년자 성착취물
제작·유포

'n번방 사건' 주요 가해자 형기 일람

범죄단체	가해자명	검사 구형	1심 선고	2심 선고	3심 선고
고담방	전■준	10년 6월	7년	항소 기각	상고 기각
고액방	고■영	장기 5년, 단기 3년	장기 1년 6월, 단기 1년	소년부 송치	
	노■준	장기 7년, 단기 5년	장기 1년 6월, 단기 1년	소년부 송치	
	정■석	장기 10년, 단기 5년	장기 5년, 단기 3년	항소 기각	
	제갈■	장기 7년, 단기 4년	장기 2년 6월, 단기 2년	항소 기각	상고 기각
	조■재	장기 4년, 단기 3년	소년부 송치	종결	
대한민국창녀 DB방	김■훈		1년 2월	10월	
박사방	강■무	15년	13년	13년	상고 기각
	강■무	6개월	2개월	2심 병합됨	2심 병합됨
	강훈	30년	15년	항소 기각	상고 기각
	강훈	징역 4년	재판 진행 중		
	남경읍	20년	17년	15년	
	임■식	14년	8년	항소 기각	상고 기각
	장■호	10년	7년	항소 기각	상고 기각
	조주빈	무기징역	40년	42년	상고 기각
	조주빈	15년	5년	2심 병합됨	2심 병합됨
	조주빈	징역 3년	재판 진행 중		
	천■진	15년	15년	13년	상고 기각
	최■호	5년	2년	항소 기각	상고 취하
	한■훈	20년	11년	13년	상고 기각
	이원호	30년	12년	항소 기각	상고 기각
어린이갤러리방	정■진		5년	항소 기각	
완장방	윤■동	5년	2년	항소 기각	
완장방 주홍글씨방	송■웅	불명			
태평양원정대	이■민	장기 10년, 단기 5년	장기 10년, 단기 5년		상고 취하

범죄단체	가해자명	검사 구형	1심 선고	2심 선고	3심 선고
프로젝트n방	김█일	8년	7년	7년	상고 기각
	류█진	8년	7년	항소 기각	상고 취하
	배█호	장기 10년, 단기 5년	장기 10년, 단기 5년	항소 기각	상고 기각
	백█찬		장기 9년, 단기 5년	장기 9년, 단기 5년	상고 취하
피카츄방	강█서	7년	3년 6월	항소 기각	
흑악관	신█관	8년	6년	항소 기각	
K-fap방	신█희	8년	4년	4년	상고 기각
	조█윤	불명			
n번방	고█훈		4년	항소 기각	
	김█광		3년	항소 기각	상고 기각
	김█영	15년	8년	항소 기각	상고 기각
	문형욱	무기징역	34년	항소 기각	상고 기각
	박█희		3년	2년 6개월	상고 취하
	박█준	10년	4년	항소 기각	
	신█호	5년	2년 6월	2년 6월, 집행유예 3년	
	안승진	20년	10년	항소 취하	
	양█빈		3년, 집행유예 4년	항소 기각	
	이█재		3년	항소 기각	상고 기각
	이█민		3년	항소 기각	상고 기각
유사 디지털 성범죄	신█승		장기 10년, 단기 5년	장기 7년, 단기 3년 6월	상고 기각
	배준환	무기징역	18년	징역 16년	상고 기각
	배█열	무기징역	20년	징역 20년	상고 기각
	이█현		3년 6월	항소 기각	상고 기각
	이█민		9년	8년 6개월	상고 취하
	임█기		3년	항소 기각	
	전█빈		10개월	항소 기각	상고 취하

팀 eNd 소개

1   n번방 성착취 강력처벌 촉구시위, 'eNd'

팀 'eNd(엔드)'는 텔레그램에서 발생한 디지털 성착취 범죄 'n번방'을
규탄하고 관련자들의 강력 처벌을 요구하는 비영리 임의 단체입니다. 계정
구동일 기준 2020년 1월 23일에 'n번방 성착취 강력처벌 촉구시위'를
이름으로 시작되었으며, n번방 범죄를 완전히 끝내겠다는 의미를 담고
있는 약칭 'eNd'로 활동합니다.

2   eNd에서는 무슨 일을 하나요?

본래 시위 조직을 목적으로 개설된 단체이지만, 코로나19의 장기화로
시위의 개최가 어려워지면서 n번방 사건 가해자들의 재판을 방청하고
엄벌 탄원서를 제출하는 등 가해자 엄중 처벌을 요구하는 활동을 주로
이어왔습니다.

3 eNd는 어떤 체제로 운영되고 있나요?

카드뉴스, 웹툰 등 모든 팀 내 사용되는 이미지 및 공보물을 제작하는 디자인팀, n번방 관련 기사를 아카이빙하고 기자들과 연계하며 문서를 작성하는 언론팀, n번방 사건과 팀의 활동을 국내에 알리는 홍보팀과 이것을 해외에 알리는 해외홍보팀, 가해자들의 재판을 방청하고 방청 후기를 작성하는 재판팀, 팀의 활동을 영상 매체로 기록하는 촬영팀, 시위 시 현장의 인원 정리 및 안전을 담당하는 안전·안내팀과 외에도 의료팀, 버스팀으로 구성되어 있습니다. 팀 내에 각각 팀장·부팀장이 있으며 여기에 업무 전체를 총괄하는 총대, 후원금을 관리하는 회계 담당자를 포함한 이들을 팀 내 운영진이라 부릅니다. 운영진은 매주 2번 정기 회의를 통해 진행 중인 팀의 업무를 체크하거나, 새로운 프로젝트를 기획하거나, 찬반이 필요한 안건에 대해 토론합니다.

4 eNd에서는 누가 활동하나요?

나이대부터 직업까지 다양한 익명의 여성 개인들이 활동하고 있습니다. 팀원들 서로를 보호하고 존중하는 차원에서 익명을 원칙으로 본인 혹은 타인의 신상 노출을 금지하고 있어 서로가 '누구인지' 알 수 없습니다. 'n번방을 완전히 끝내자'라는 궁극적인 목표 하나를 가지고 자발적으로 모인 여성들로 구성된 단체입니다.

차례

1부

방청연대

맛보기

방청 가이드

방청 전 알아둘 것

1 법정 내에서는 법적으로 녹음이 금지다.

2 노트북 등을 사용할 수 있는 곳도 있으나 안전하게 최대한 수기로
  필기하는 것이 좋다.

3 신상 정보 기록은 사건 검색 시 필요한 이름, 사건 번호까지만 하는
  것이 안전하다.

4 법원 건물 내부터는 촬영 금지인 곳이 많다.

5 개인 피켓은 지참 불가하다.

6 재판 방청 시 판사의 지시에 최대한 따르고 감정적인 대응은 자제한다.

7 법관(판사)의 이름은 법정 앞 안내판(종이, 전광판)에서 확인할
  수 있으니 방청 전후 반드시 기록한다.('나의사건검색'에서는 법관
  이름이 나오지 않는다.)

8 재판 일정이 종종 변경되니 헛걸음을 최소화하기
  위해 일정은 재판 당일까지 확인하는 것이 좋다.

  ※ 재판 일정 확인 방법: 대한민국 법원 홈페이지
     '나의사건검색' 또는 앱에서 법원명, 사건 번호,
     피고인명 입력 후 검색

9 법정에는 액체류, 음식(법원마다 다름), 뾰족한
  물건 반입 금지다.

대한민국법원 앱 화면

10 법정 입장 시 모자 착용이 불가하다.

부록1(205쪽) 재판 방청 기록 양식 수록.

일정별 체크할 지점

1 공판준비기일[+]

① 인정신문

② 검사 모두진술

  ▸ 공소장 낭독 과정에서 피해자가 특정되는지 점검

    ※ 공소장은 당사자들이 모두 가지고 있어 재판 시에 피해자가 특정될
       정도로 자세히 읽을 필요성이 없다.

③ 증거인부

  ▸ 검사가 제출한 증거 신청에 대한 피고인 변호인의 동의·부동의
    여부 확인

    ※ 부동의 시 해당 증거의 당사자가 재판에 참석해야 한나.(피해자 혹은 어떤
       공범이 다음 공판기일에 참석할지 확인 가능하며 증인신문 과정에서
       판사, 검사, 피고인의 변호인으로부터 피해자가 2차 가해를 당할 수 있다.)

2 공판기일

① 증거조사

  ▸ 이 과정에서 2차 가해가 많이 일어난다. 재판부와 검사가 피해자
    정보 보호의 의지가 있는지 확인

  ▸ 제3자와 피고인 퇴정시켜 비공개로 진행하는지 확인(증인신문
    외 증거조사 공개 여부가 재판관 재량에 맡겨진 실정이다.)

[+] 공판준비기일을 별도로 잡지 않을 경우
     바로 공판기일로 넘어가며, 해당 일정은
     공판기일에 포함된다.

※ (1) 증거자료 열람 시 여럿에게 공개된 대형 스크린이 아닌 판사용 모니터(소형 스크린)를 쓰는 편이 피해자를 보호할 수 있다. 최소한의 인원만 스크린을 확인하는 것이 바람직하다. (2) 피고인 퇴정 방향으로 바뀌어야 한다. 이를 위해 목소리 많이 내야 하며 이 부분은 재판부 역량이므로 (1)(2)가 잘 이루어진 경우 좋은 사례로 많이 소개해야 한다.

② 피고인/피해자 신문

▸ 피해자 신문은 증인신문으로 증거 부동의 시 필수적이며, 피고인 신문은 보충적 절차로서 생략되기도 한다.

▸ 검사의 적극적 공판 참여 확인: 피해자 보호, 피고인 측의 2차가해 견제 등

▸ 판사의 재판 진행 확인: 증인신문 시간, 피고인 측 변호인이 복수인 경우 적절하게 신문 순서·방식 등을 결정하는지 등

▸ 판사의 소송 지휘권 행사 확인: 피해자 증인신문 시 피고인 측의 반대신문과 관련, 부적절한 신문이 이어질 경우 제지를 하는지 등

▸ 피해자의 의견진술권 행사 여부 확인

※ 피해자는 증인신문 과정 혹은 그 외 양형에 대한 의견을 구두 혹은 서면으로 재판부에 전달할 수 있고, 재판부는 이를 적극적으로 수용해야 한다.

▸ 피고인 신문이 진행되는지 확인: 피고인 신문은 보충적 절차이나 점차 그 중요성이 커지고 있다.

※ 피해자 진술이 직접증거로 활용될 때 피고인 신문은 피해자 진술의 신빙성을 뒷받침할 수 있는 보충적, 간접적 증거로 활용 가능하기 때문에 성폭력 재판에서 의미 있는 부분이기도 하다. 안희정 성폭력 사건도 1심에서 생략했던 피고인 신문을 2심에서 진행했고, 피고인 안 씨의 비일관적인 진술이 피해자 진술의 신빙성을 뒷받침했다.

③ 변론 종결(결심)

▸ 검사 구형, 변호인 최후 변론을 주의 깊게 듣고 2차 가해 등에 대해 문제 제기할 점이 있는지 확인.

※ 최후변론을 빙자해 피해자 정보를 무분별하게 유출하고 인신공격을 하는 2차 가해가 심각하다. 오거돈 성폭력 사건 재판의 경우 상세 언급을 자제하도록 사전에 협의했음에도 피해 사실을 상세히 누설하려 제지당해, 결심이 비공개로 전환되었다.

※ 검사의 구형은 판결문에도 나오지 않으므로 결심 공판에서 반드시 확인해 적어두는 것이 좋다.

3 선고

‣ **선고 사유 확인**

※ 판결문은 주문과 이유로 구성된다. 주문에서는 형종(형벌의 종류), 형량, 보안처분(전자발찌 부착명령, 신상정보공개고지 등)을 살피고, 이유에서는 정상참작감경(작량감경)이 적용되었는지, 양형 기준이 어떻게 적용되었는지, 피고인에게 유리/불리한 사정은 무엇인지 확인한다.

4 재판 후

‣ **재판부의 선고가 적절한지, 적절치 않을 경우 검사가 상소를 하는지 확인**

‣ **피고인 측이 상소하는 경우 검사가 같이 상소하는지 확인**

※ 피고인 측만 상소할 경우 '불이익변경금지의 원칙'에 따라 원래보다 중한 형의 선고를 할 수 없기 때문에 감형될 가능성이 높다.

대표 방청 후기:
안동편

2020.08.13. 대구지방법원 안동지원 | 문형욱(갓갓)

문형욱은 공범 6명의 진술에 동의하지 않았다

검사는 8명의 증인을 회부하여 신문을 진행하고자
하였습니다. 하지만 피고의 변호인은 증거 대상 중 공범
6명(안승진, 이▒재, 김▒광, 양▒빈, 고▒훈, 이▒민)의
진술에 동의하지 않았으며, 2명의 참고인(전▒준, 신▒희) 중
전▒준(와치맨)의 진술에만 동의했습니다. 신▒희(켈리)에
대해서는 검사와 변호인 모두 증인 신청을 보류했고, 공범
6명만 증인으로 신청했습니다.

> 생애 첫 법원 방문, 첫 재판 방청이었다. 안승진과
> 김X영, 문형욱의 재판이 연달아 열린 날이라 첫
> 방청치고 빡빡했다. 법정에서 오가는 말들을 몽땅
> 받아 적었다.
>
> 부장판사는 문형욱의 주소지가 경기도인데 왜
> 안동지검에서 기소했냐며 공소장 자체가 잘못된
> 것 아니냐며 공판검사에게 딴죽을 걸고, 피해자의

2020.10.12. 대구지방법원 안동지원 | 문형욱 1심 결심

"피고인은 지극히 사적인 욕망을 위해
장기간 수많은 피해자를……"

김정현 검사는 "2015~2020년 경찰 등을 사칭해 피해자에게
접근해 협박, 아동·청소년 성착취물을 제작하고 n번방을
포함하여 불특정 다수에게 유포하였습니다. 피고인의 범행
내용은 매우 불량합니다. 5년간 치밀하고 계획적으로 범행을
반복했습니다. 피고인의 범행 수법은 더욱 정교해지고, 범행
내용은 극악무도하고 대담해졌습니다. 피고인은 스트레스
해소, 성적 욕망 충족을 범행 동기로 밝혔지만, 자신을 신을
뜻하는 갓(god)을 이용하여 '갓갓'이라고 칭하고 n번방을
개설하여 피해자의 영상을 불특정 다수에게 유포하는 등
자기 과시를 위해 범행을 벌인 정황도 있습니다. 피고인은
지극히 사적이고 개인적인 욕망, 욕구를 충족하기 위해

장기간 수많은 피해자를 성적으로 학대했습니다. 피고인에
의한 범행은 과거에 종료되었다 하더라도 성착취 영상
유포에 의한 피해는 현재에도 계속되고 있습니다. 유포에
대한 두려움으로 일부 피해자는 피해자 지원조차 받기를
꺼리고 있습니다. 피고인이 준엄한 판결을 통해 행위에
상응하는 죗값을 치르게 하여 인권을 침해당한 피해자들을
조금이나마 위로하고, 사회 발전과 존립에 근간이 되는 형사
정의를 실현할 필요가 있습니다"라고 의견을 발표했습니다.

> 김정현 검사가 문형욱에게 무기징역을 구형할 때 내가
> 하고 싶은 말이 다 들어가 있었다. 검사가 내 마음속에
> 들어갔다 나온 것 같았다. 바다 위 등대처럼 우뚝 서서
> 기립박수를 칠 뻔했다.

2020.09.10. 대구지방법원 서부지원 | 윤▓동(트럼피) 1심 선고

고작 징역 2년에 분개하는
범죄자 가족의 얼굴

윤▓동과 함께 출석한 그의 큰이모는 '무죄'일 거라며 그를
다독여줬습니다. 조카가 얼마나 악명 높은 범죄자인지 잘

모르나 봅니다. 윤▮동이 법정 구속되자 그의 큰이모는
방청석 맨 앞으로 걸어 나왔습니다. "아니 왜 우리 애를……
왜 저러는데요?" "(윤▮동이) 정신병원에 입원했다가
나왔다"라며 울분을 터뜨리고, 방청석 바리케이드를 손으로
내리쳤습니다. 본인의 형량을 줄이기 위해 피해자 가족을
사칭하던 봄날의 윤▮동과 묘하게 겹쳐졌습니다. 고작
징역 2년에 분개할 사람들은 피해자 측입니다. 윤▮동과
그의 가족은 징역 2년이 억울하다는데 항소심에서 제대로
된 죗값을 받길 바랍니다. 윤▮동의 항소심 재판에도
연대자분들의 꾸준한 관심 부탁드립니다.

불구속 재판 중인 가해자의 실물을 처음 봤다.
트럼피가 법정 구속되는 모습은 통쾌했다. 그
친족이 법정에서 울고불고하는 장면은 여러 생각이
들게 했다. 오후에 문형욱 재판 보러 가야 해서
끝까지 있지는 못했다. 소란이 어떻게 마무리됐는지
궁금하다.

대구고등법원 제2형사부(나)⋯⋯
엄벌 의지가 있나?

대구고등법원 이영제 판사는 2019년 대구지방법원 안동지원 근무 당시 박찬석, 박노을 판사와 문형욱(갓갓)의 공범 박███, 김███, 이████ 3명에게 작량감경[+]을 해주고 징역 3년을 선고했습니다.[1]

　　박연욱, 송민화 판사는 2020년 6월 대구고등법원에서 원호신 판사와 문형욱의 공범 박███희를 항소심에서 징역 3년에서 징역 2년 6월로 6개월 감형해준 전력이 있습니다. 신███호의 항소심에서 원심 징역 2년 6개월이 무겁다고 집행유예 3년을 선고했습니다. 당연히 작량감경도 있었습니다. 이전의 n번방 사건 판결 기록들을 들춰보니 이렇듯 문제가 많은 재판부임을 확인할 수 있었습니다. 박███준의 변호인도 이 점을 겨냥해 '형평성'이란 단어를 들먹였습니다.

> 2020년 법원 동계 휴정 기간, 가해자 50여 명의
> 검사 구형과 1심 선고 형량을 엑셀 파일로 정리했다.
> 공범들은 문형욱이 검거되기 전에 대법원까지 찍고
> 형이 확정된 상태였다. 공범들의 판결문 사본을
> 찾아봤다. 대구고등법원 재판부는 2019년 문형욱

2020.09.24. 대구지방법원 안동지원 | 안승진, 김▒영 증인신문, 변론 종결

어머니를 증인으로 세운 안승진, 김▒영……
기소유예 전력 있다

피고인의 어머니 두 분이 증인으로 출석했습니다. 변호인과
조순표 판사는 증인에게 피고인의 가족관계, 가정 형편,
취학 전, 학창 시절, 군 생활, 기소유예 처분 전력, 면회와
편지, 증인의 직업, 피고인이 잘못을 뉘우치고 있는지
등을 질문했습니다. 김정현 검사는 증인에게 질문하지
않았습니다. 안승진은 2017년 군 복무 중 휴가를 나와서
성매매로 조건부 기소유예 처분을 받은 전적이 있는
범죄자입니다. 그것으로 성착취가 형사 처벌 대상임을
인지했을 텐데도 네 차례 더 성매수를 했습니다. 김▒영
또한 2016년 디지털 성착취 범죄로 기소유예 처분 후 다시
구속됐습니다.

2020.10.12. 대구지방법원 안동지원 | 문형욱(갓갓) 1심 증인신문, 결심

갓갓 어린이집에서 공익근무?
소름이 끼친다

문형욱의 공범 6명 중 5명은 이미 집행유예부터 징역형까지
형이 확정됐습니다. 안승진만 1심 선고를 앞두고 있습니다.
이번 공판에는 양▨빈, 이▨재, 김▨광 3명의 증인이
출석했습니다. 고▨훈은 본인이 지적장애 3급이라 증언하기
어렵다며 불출석 사유서를 제출했습니다. 김▨광은 비공개
재판을 신청했으나 조순표 판사가 "형사법상 피해자일
경우 비공개 재판을 신청할 수 있으나 본인(김▨광)은
피해자가 아니며, 형법상 공개재판이 원칙이다"라며
받아들일 수 없음을 고지했습니다. 양▨빈은 지난 기일에
출석하지 않아 과태료 200만 원을 부과받았으나 불편한
몸(지체장애)으로 출석해 증언했기 때문에 조순표 판사가
과태료를 취소했습니다. 양▨빈, 이▨재는 문형욱의 지시대로
성착취물을 촬영 및 스트리밍했고, 김▨광은 문형욱에게

성착취물 제작을 의뢰했다고 증언했습니다. 증인신문이
끝나고 문형욱의 변호인은 지난 기일까지 부동의했던
공범 6명의 진술서에 동의했고, 조순표 판사는 공범 6명의
진술서를 증거자료로 채택했습니다.

법정은 n번방 가해자 정기모임 현장 같았다. 공범들은
오늘 문형욱을 처음 본다, 문형욱한테 협박당했다,
문형욱이 학교로 찾아올까 봐 무서웠다는 등 문형욱
탓만 했다. '갓갓'이라고 떠받들 땐 언제고 빠르게
발을 빼는 공범들의 모습을 지켜봤다. 문형욱보다
먼저 잡힌 이들은 집행유예부터 징역 3년까지를
선고받았다. 운이 억세게 좋은 놈들이다.

문형욱 구형 직전 피고인 신문이 있었다. 부장판사가
문형욱에게 공익근무를 어디서 했냐고 묻자
어린이집에서 공익으로 근무했다고 답했다. '아이들
어떡해!' 하고 뱃속에서부터 소름이 끼쳤다. 문형욱은
파도 파도 괴담만 나온다.

"문형욱 가족, 합의금 마련 위해 집 팔았다"

문형욱의 변호인은 "방청석에 피고인 가족도 앉아 있다. 없는 형편이지만 피해자들과 합의하고 용서받고자 집을 처분했다. 사죄를 구하고자 하니 피해자분들은 어렵겠지만 마음 열어주시길 바란다. (…) 이 사건은 한 범죄자의 흉악범죄가 아님을 양형에 참고해달라. 피고인은 아직 어리다. 갱생 가능성이 충분히 존재한다. 피고인이 범한 죄에 합당한 처벌만 내려달라. 피고인 가족이 피해자 3명과 합의 중이다. 2차 영장 구속 기간이 남아 있는 한 선고 기일을 넉넉히 잡아주시길 바란다"라며 변론을 마무리했습니다.

> "문형욱 집 팔았다!" 일부 피해자에게 건넨 합의금도 무엇도 결코 충분하지 않겠지만, 디지털 성범죄 가해자가 실형을 선고받고 패가망신하는 본보기가 되었으면 한다.

가해자가 아닌
피해자의 미래를 생각해주십시오

피해자 변호사는 말했습니다.

"이 재판에 나올 수 없는 피해자들을 대신하여
진술하겠습니다. 피고인 측은 제출한 서면과 최후 변론에서
피고인이 다시는 이와 같은 범죄를 저지르지 않을 것을
다짐하고 있으며, 아직 피고인의 나이가 젊은 점을 감안하면
얼마든지 자신의 과오를 시정하고 새롭게 시작할 수 있다는
점, 피해자들에게 피해를 변제하고 합의하고자 항소에
이르게 되었다고 했습니다.

피해자들은 이 사건 피해를 당할 당시 아동이거나
아동에 가까운 나이가 대부분이었기에 사건이 일어난 이후
3년이 지난 지금에도 미성년자 피해자 수가 이 사건 전체
공소사실의 절반이 넘습니다. 피고인은 자신의 젊음을
이용하여 감형을 주장하고 있으나 아직도 어린 피해자들의
난도질당한 미래를 고려한다면 피고인을 어느 정도
가중처벌해야 적절할 것인지 피고인에게 되묻고 싶습니다.

피고인이 저토록 쉽게 언급하는 '새로운 시작'이라는
것이 피해자들에게는 그 어떤 노력을 해도 얻을 수 없을지
모르는 막연한 미래가 되었습니다. 피고인이 검거되고,
피고인에게 원심판결의 형이 선고된 후에도 피고인에 의해
유포된 영상물과 개인정보는 피해자들에게 새로운 피해를
입히고 있습니다.

피해자 A는 재판 중에도 끊임없는 추가 피해가 이어지는 가운데 또다시 별개의 사건에 관하여 수차례 경찰 조사를 받았습니다. 피해자 A의 보호자 또한 피고인의 범행으로 개인정보가 함께 유출되어 그로 인한 피해를 입고 있습니다. 또 다른 피해자 B 역시 현재까지 추가 피해가 이어지고 있으나 부모님께 자신의 피해 사실을 알릴 수 없어 새로운 추가 피해가 발생할 때마다 홀로 대응하고 있습니다. 피해자 C는 이 사건이 공론화되기 전 신고하였음에도 불구하고, '텔레그램은 잡을 수 없다'는 수사기관의 답변을 듣고, 홀로 각종 사이트를 찾아다니며 피해 촬영물을 삭제해야 했습니다. 피해자 C는 피해 촬영물이 너무 광범위하게 유포되어 이제는 삭제를 포기한 지경에 이르렀습니다.

피해자들이 현재 겪고 있는 피해는 아직 검거조차 되지 않은 새로운 가해자에 의한 새로운 피해입니다. 피해자의 일상을 여전히 위태롭게 하는 이 범행들은 모두 피고인의 범행에 기반을 두고 있습니다. (…) 피고인은 앞서 합의를 위해서 시간을 달라고 말씀하셨지만 (…) 피해자들에게 합의를 전달하기 위해서는 피고인의 진심 어린 반성이 선행되어야 하기 때문에 저희 측에서 피고인이 직접 작성한 사과문을 요청한 바 있습니다. 그러나 피고인의 어머님이 작성한 사과문은 저에게 전달되었지만, 피고인 본인이 직접 작성한 사과문은 전달되지 않았습니다.

이미 1심에서부터 피고인 엄벌 의사를 밝힌 피해자들이

많은 상황에서 피고인의 진심 어린 반성 없는 형식적인 합의 의사 전달은 피해자들에게 또 다른 고차 피해가 될 수 있음을 알아주시기 바랍니다. 피해자 변호사가 만나본 피해자들은 모두 피고인이 사회와 격리되는 이상의 처벌을 받았으면 좋겠다고 합니다. 피해자들은 항소심 재판부가 원심판결을 파기하고, 검사의 구형대로 형을 선고해주시기를 기다리고 있습니다."

피해자 변호사는 신뢰관계인석에 앉아 있었다. 문형욱 변호인의 최후 변론, 문형욱의 최후 진술이 끝나고 판사가 선고기일을 정하려는데 피해자 변호사가 '재판장님'을 부르며 발언 기회를 청했다. 판사는 냉큼 허가했다. 피해자 변호사는 증인석에 선 채로 의견서, 피해자 가족의 편지를 차분히 읽었다. 피고인석의 문형욱과 그의 새로운 변호인은 내내 불편함을 감추지 못했다.

대표 방청 후기:
수원·서울편

2020.05.25. 수원지방법원 | 전█준(와치맨) 1심 공판기일

계속 지켜보고 연대할 것입니다

eNd팀 함께 수원지방법원에서 있었던 전█준(와치맨)의
공판기일에 다녀왔습니다. 전█준은 AVSNOOP 사이트에
법정 '음란물'을 게시한 혐의로 지난해부터 재판을 받고
있었습니다. 이후 박사방 사건이 불거지면서 추가 기소됐고
예정된 선고 기일을 넘긴 현재까지 재판이 이어지고
있습니다.

　　지난 공판에서 검찰은 전█준의 범죄 수익 취득에 관한
혐의를 입증하겠다고 밝혔습니다. 피고인은 해당 혐의를
강하게 부인하고 있지만 검찰은 이미 전█준이 사이트를
운영하며 배너 광고 등을 통해 범죄 수익을 취득한 사실을
확인했다고 합니다.

　　다음 기일에는 피고인 신문이 예정돼 있습니다. 검찰은
신문 이후 공소장을 변경하겠다는 입장입니다. 전█준의
공판은 아직 현재 진행형입니다. 추가 기소 가능성이 여전히
남아 있습니다. 우리 시위팀은 검찰이 조속히 전█준의 혐의

일체를 입증하고 악질적 범죄에 대해 엄중히 구형하기를 촉구합니다. 전█준이 현재 부인하고 있는 성착취물 공연 전시 혐의에 대해서도 재판부가 현명한 판단을 하도록 감시의 끈을 놓치지 않겠습니다.

> 우리는 끈질긴 연대를
> 이어갈 것이다.

2020.05.14. 서울중앙지방법원 | 조주빈(박사), 이█민(태평양), 강█무(도널드푸틴) 1심 2차 공판준비기일

가해자 조주빈 변호인, 태도가 저게 뭐야?

이번 공판에서는 세 명의 가해자 중 강█무만이 공판에 참석했습니다. 이█민은 1차 공판 준비기일과 마찬가지로 불참하였습니다. 자신이 지은 죄에 대한 책임을 지지 않고, 법정에 모습을 드러내지 않는 가해자 이█민의 태도는 비판받아 마땅합니다. 이번 공판에서 피고인 강█무와 이█민은 자신들의 혐의를 모두 인정했습니다. 그러나 검찰의 진술서를 전부 열람하지도 않은 조주빈의 변호인은 일부 혐의를 부인할 뿐 아니라, 피해자 일부의 진술에 부동의하였으며 서면으로 사전에 제출해야 할 의견서도

제출하지 않았습니다. 변호인은 열람 가능 시기가 늦어 미처
다 읽지 못했다고 변명했습니다.

> 피고 변호인의 태도는 재판에서 마땅히 보여야
> 할 것으로 전혀 보이지 않았다. 증거 부동의가
> 피해자에게 줄 심리적 압박감을 생각하면 분노하지
> 않을 수 없었다. 이로 인해 해당 진술 피해자는
> 법정에서 증인신문을 받게 되었다. 증인신문을
> 받는다는 그 자체로 두려움과 공포를 느낄 피해자가
> 신문 과정에서 다시 2차 피해를 받게 되지 않을지
> 걱정된다.

기자들은 침묵했고, 법정에는 일순 가벼운 웃음이 돌았다

피해자 변호인단은 2차 피해를 우려해 증인신문에 대해
강력히 반대 의사를 피력했습니다. 하게 되더라도 비공개
재판을 요청하며, 가해자 변호인의 부동의 의견 역시
앞으로는 재판부에 서면 제출을 바란다고 말했습니다.
공개적인 재판에서 특정 피해자에 대한 부동의 의견이
기사화되면, 해당 피해자는 자신의 가명을 알기 때문에

기사를 보며 크게 위축될 수밖에 없다고 합니다. 그러니 가해자 변호인이 피해자 가명을 언급한 부동의 사실이 보도되지 않도록, '피해자 일부'라는 표현으로 바꾸어 보도해달라 요청했습니다. 또한, 피해자 특정으로 인한 2차 피해를 최소화하기 위해 피해자 가명 언급을 자제해달라 말했습니다. 그러나 재판장은 '내가 쓰라 말라 기자들에게 강요할 수 없다'며 말을 끊었습니다. '부탁은 가능하다'라며 자리에 있는 기자들에게 동의 여부를 물었습니다. 기자들은 침묵했고, 법정에는 일순 가벼운 웃음이 돌았습니다.

> 법정이 피해자 변호인단의 절박한 요청을 진지하게
> 받아들이지 않는 모습에 충격을 받았다. 피해자를
> 향한 2차 가해를 우려하고 방지하는 것은 재판장의
> 당연한 의무가 아닌가? 이러한 법정 분위기에서
> 진행될 증인신문 과정이 피해자를 보호할 수 있을까.

집에서 이루어진 범죄이니
전자발찌는 채울 필요 없다?

이어 피고인 조주빈과 강▨무의 변호사가 전자발찌 부착 명령 청구에 대해 의견을 밝혔습니다. 먼저 조주빈의 변호인은, 조주빈이 이미 언론에 신상이 공개되어 외출과 이동의 자유가 없으니 전자발찌 부착의 실효성이 없다고 말했습니다. 그리고 텔레그램 안에서, 집에서 이루어진 범죄 때문에 전자발찌를 부착하는 것은 범죄 예방에 도움이 되지 않기에 기각을 원한다고 말했습니다. 강▇무의 변호인은 혐의 전부를 인정하고 반성하나, 재범의 위험이 없다며 역시 전자발찌 부착 명령에 대해 기각을 요청했습니다.

> 궤변투성이였다. 디지털 성범죄는 재범 발생률이 높은 범죄다. 재범의 위험도와 전자발찌의 실효성은 피고인 측에서 판단할 문제가 아니다. 피고인 측의 비약된 논리를 규탄하며, 가해자들의 전자발찌 부착 명령이 기각되지 않도록 재판부에 강력히 요구할 것이다.

법정에서 피해자가 두려움에 떨지 않도록 우리가 함께하겠습니다

다음 공판부터는 공판 준비 절차가 아닌 가해자 전원이 참석해야 하는 1심 재판입니다. 법정에서 확인한바, 조주빈의 증거 목록은 무려 662개에 달합니다. 우리는 가해자들이 범죄에 상응하는 처벌을 받는 순간까지 재판에 주목하겠습니다. 1심부터 공판이 종결될 때까지 연대의 끈을 놓지 않고 끝까지 함께하겠습니다. 피해자들이 이 사건으로 인해 더 이상 다치지 않도록 목소리를 내겠습니다.

재판 과정에서 피해자가 법정에 출석하기를 두려워하지 않기를 바란다. 2차 피해를 우려하지 않아도 되기를 간절히 바란다. 재판부가 가해자가 아닌 피해자를 보호한다고 믿을 수 있게 될 때까지, 우리는 감시를 멈추지 않을 것이다.

2부

지방 사람도 연대 가능!

내가 사는 지역에는 뭐가 없다. 나는 연뮤덕(연극·뮤지컬 매니아)이다. 연극, 뮤지컬, 콘서트를 보려면 무조건 서울로 가야 한다. 매주 주말 상경해서 1박 2일 공연을 보는 게 유일한 낙이었으나 코로나 이후 취미 활동을 강제로 쉬는 중이다.

재택근무를 하던 2020년 3월 조주빈이 검거됐고, 디지털 성범죄에 대한 국민의 관심이 높아졌다. 이후 문형욱도 검거돼 재판을 받고 있으니 이번만은 사법부가 제대로 처벌할 거라 믿고 있었다. 그런데 6월 마지막 주 결정되어야 했던 손정우[2]의 처분이 7월로 미뤄지고, 7월 6일 범죄인 인도 불허 결정이 내려졌다. 그리고 7월 9일, 내 생일에 서울시청 직원을 성추행한 박원순 씨가 스스로 목숨을 끊었다. 한 주에 말도 안 되는 일이 연달아 이어지는 것을 보고 분노한 나는 몸져누웠다. 그리고 뭐라도 하자는 생각으로 eNd 재판팀 경상도 팀원에 지원하고 사법부 규탄 대구 시위에 스태프로 참여했다. 시위는 8월 8일 대구

국채보상공원에서 폭우를 맞으며 결행됐다.

연뮤덕으로서 이 나라는 뭐든 다 서울에 있다는 경험을 쌓아온 탓일까, 지방에는 가해자도 없을 줄 알았다. 그런데 문형욱 일당이 안동에서 재판을 받고 있었다. 그래서 안승진과 김█영의 1심 첫 재판과 문형욱 1심 두 번째 재판을 보러 갔다. 하루에 재판 두 개를 방청하다니, 지금이라면 '1타 2피'라며 좋아하겠지만 2020년 8월 당시에는 한껏 위축된 채 첫 방청에 갔다.

8월 13일 안동지원에서 있는 연대자D⁺님의 '찾아가는 방청 교육'을 일단 신청했다. 메모 패드와 볼펜을 챙기고 안동행 7시 버스를 탔다. 평소 출근 시간은 8시다. 오전 재판을 방청하는 날은 출근하는 날보다 부지런 떨어야 했다.

9시 50분 안동지원 현관에서 연대자D님과 재판 방청 교육 신청자 두 분을 만났다. 안동지원 1호 법정 앞에서 연대자D님은 쪼그려 앉은 채 벤치에 앉은 세 사람을 올려다보며 방청 팁을 공유해주셨다. 법원 앱으로 사건 번호 조회하는 방법, 재판부 판사 이름 확인하는 방법, 세 명의 판사 중 누가 부장판사, 주심판사인지 등 재판 방청 초보자의 눈높이에 맞춰 쉽게 진행되는 설명을 들었다.

법정 출입문 옆에는 '오늘의 재판 안내' 게시물이 붙어 있었다. 거기 쓰인 피고인들의 죄명 80~90퍼센트가 강간, 강제추행, 아동·청소년 성보호법 위반 등의 성범죄였다. 그 외에는 선거법 위반, 사기, 절도 등이었다. 문형욱 일당의 재판 후 같이 방청한 연대자 한 분이 안동터미널까지 차로

+ 성폭력 사건 및 관련 수사·재판
모니터링 활동가
(트위터 @D_T_Monitoring)

태워주셨다. 그는 "오늘이 마지막 방청이에요. 앞으로
안동에 방청하러 못 올 것 같아요. 저 대신 봐주세요"라며
부탁했다. 터미널로 가는 동안 나는 징역 2년, 3년은 너무
적다고, 지금 선고되는 형량 뒤에 0 하나씩 더 붙었으면
좋겠다고 불평을 늘어놨다.

고마워요 보스

재판 방청 막바지에는 다음 재판 날짜와 시간을 받아 적는다.
안동에서는 2주 간격으로 월, 목요일에 형사재판이 열린다.
이날에 연차를 쓸 수 있을까? 휴대폰을 꺼내 달력을 확인했다.
재판 날짜가 임박해서 연차신청서를 제출해도 보스는 묻지도
따지지도 않고 결재해줬다. 지나온 직장은 연차 쓰는 이유,
어디 가는지, 누구랑 가는지까지 꼬치꼬치 캐물었는데…….
고마워요 보스! 같이 일하는 동안 연차 결재 잘해줘요!

조순표 판사의 호통

2020년 8월 27일
　　문형욱의 공범 박▨준의 1심 선고 날이었다. 평소와

달리 법정 앞에 사람이 많았다. 그들은 구찌 로고가 크게 박힌 일수 가방(분명 클러치백이었다)을 옆구리에 끼고, 구찌 운동화를 신고 있었다.

1시 50분. 오후 재판이 시작됐다. 박■■준보다 먼저 선고를 받은 김■■■■ 일당 3명이 피고인석에 일렬로 나란히 섰다. 2명은 불구속 재판을 받고 있었다. 김■■■■ 일당이 나오자 조순표 판사는 불구속 재판 중인 피고인 한 명을 콕 집어 질문했다.

"강■■ 씨 오늘 뭐 타고 왔어요?"

"어머니 차 타고 왔어요. 어머니와 함께 왔습니다."

"친구들 같이 안 왔어요? 차종이 뭐예요? 아까 보니까 법원 근처에서 누가 난폭운전을 하더라고. 본인 친구들 같던데. 소나타 신형 본인 친구 아니에요?"

"사무실 사람입니다."

"법원에서 그렇게 운전하면 안 된다고 얘기하세요, 알겠습니까?"

평소 침착하고 나긋나긋하게 말하던 조순표 판사가 카랑카랑한 목소리로 호통을 쳤다. 저 양반도 저런 면이 있구나. 오~ 화내니까 무섭다.

김■■■■과 강■■은 법정 구속됐는데, 가족과 친구들을 향해 아련한 표정을 던지며 끌려갔다. 통쾌한 날이었다. 선고 후 잠시 휴정했다. 뺀질이 사무관이 "자기들끼리는 저게 의리라고 생각하나 보죠"라며 김■■■■ 일당의 뒷말을 했다.

리베로가 되고 싶다

팀플을 싫어한다. 대학생 때 팀플 과제를 했다가
손목터널증후군과 인간 불신을 얻고 그 후로 수강 신청할 때
강의 계획서를 꼼꼼히 읽어보고 팀플 과제가 있는 과목은
아예 신청하지 않았다.

2020년 8월 여자 프로배구 경기를 봤다. 배구는 팀
스포츠다. 최고의 선수라도 팀원과 호흡이 맞지 않으면 제
실력을 발휘할 수 없다. 상대 팀에 한 점도 허투루 넘겨주지
않으려고 코트에서 슬라이딩하고, 네트에서 코트 바깥까지
볼을 받으러 달려가는 리베로[+] 선수들의 활약이 인상 깊었다.
매 순간 볼 하나에도 집중하고, 최선을 다한다. 팀플을
기피하는 나지만 eNd팀에서는 배구의 리베로 같은 역할을
하고 싶었다. 어떤 일이 일어날지는 모르지만 팀원들의 뒤를
든든하게 받쳐주는 듬직한 팀원이 되고 싶었다.

eNd에서 첫 번째로 직접 만난 팀원은 양파님이다.
윤▒▒동(트럼피) 엄벌 탄원서를 제출하러 대구지하철 2호선
용산역에서 만나기로 했다. 태풍 하이선이 지나갔지만 거센
바람이 불었다. 플라타너스 나뭇가지가 바람 부는 방향을
따라 휘청댔다. 강풍으로 풍욕을 하며 양파님을 기다렸다.
오전에 비가 와서 슬리퍼를 신고 출근한 바람에 후줄근한
차림이었다.

탄원서는 법원 민원실 형사 접수 직원에게 제출하면
된다. 대구지방법원 서부지원 1층에는 민원실이 두 개 있다.

가정법원과 민사·형사. 당당하게 탄원서 담은 봉투를 들고 왼쪽 민원실에 들어갔는데 거긴 가정법원 민원실이었다. 방금 처음 만난 양파님이 반대쪽 민원실로 이끌어주셨다. 형사 접수 직원은 "탄원서를 작성한 사람이 직접 와서 접수해야 한다" "eNd 대표가 누구냐" "신분증을 보여달라"며 트집을 잡았다. 내 딴에는 표지도 만들어서 'n번방 성착취 강력처벌 촉구시위'라고 크게 적어놨는데.

　　법원 직원은 n번방 사건에 전혀 관심이 없어 보였다.

몇 시 재판 오셨어요

2020년 9월 10일

　　트럼피의 선고일이었다. 트럼피는 구속되지 않고 재판받았다. 왠지 방청석에서 만날 것 같았다. 대구지법 서부지원 1층 검색대를 통과하고 계단으로 2층을 올라가다가 1층 엘리베이터 쪽을 봤다. 불안정하고 심란한 눈빛, 관리 안 된 머리털, 똥땅한 체구, 칠부바지에 정장 양말, 포인트로 크로스백. ……트럼피인가?

　　개정 전이라 법정 출입문 앞 벤치에 앉아 있었다. 뽀글머리 펌을 한 중년 여성과 트럼피로 추정되는 자가 옆 벤치에 앉았다. 중년 여성은 "무죄일 거다. 걱정하지 마라. 나는 네가 재판받는 걸 최근에야 알았다"라며 놈을 다독였다.

듣기 싫어도 옆자리라서 들렸다.

　　대구지법 서부지원 경위는 방문자가 어떤 사건 때문에 왔는지 확인하고, 해당 재판 시각에 맞춰 법정에 들여보내준다. 그가 나에게 물었다.

　　"몇 시 재판 오셨어요?"

　　"10시 윤▨동이요."

　　옆자리에 앉았던 중년 여성이 놀란 눈으로 나를 쳐다보며 우리 ▨동이를 아느냐, 어떻게 왔느냐고 물었다. 나는 대답하지 않고 머뭇거렸다. 트럼피는 어린양같이 순순한 목소리로 "여성단체에서 방청하러 와요. 여성단체에서 왔을 거야"라고 했다. 놈은 돌아가는 상황이 자신에게 얼마나 불리한지 꿰뚫고 있었다. 나는 "개인으로 왔습니다"라고 답했다. 잠시 후 법원 출입 기자들이 트럼피 1심 선고를 취재하러 법정 앞으로 몰려왔다. 기자들은 경위에게 "133이요" 하고 트럼피의 사건 번호를 언급했다. 트럼피는 "화장실에 가고 싶다"고 말하며 중년 여성과 함께 자리를 피했다.

　　검찰은 트럼피에게 징역 5년을 구형했지만 손원락 판사는 징역 2년을 선고했다. 트럼피가 공범 수사에 협조적이었다는 이유였다. 트럼피는 도주의 우려가 있어 법정 구속됐다. 판사가 트럼피에게 구속 사실을 누구에게 알려주면 되냐고 물었다.

　　"같이 오신 큰이모님께 알려드리면 됩니다."

　　"이모님 성함이 어떻게 됩니까?"

"잘 모르겠습니다."

판사는 방청석에 있을 트럼피의 이모를 찾으며 다시 질문했다.

"이모님 성함이 어떻게 됩니까?"

"김▓▓▓."

트럼피 큰이모가 대답했다.

"전화번호가 어떻게 됩니까?"

"010-▓▓▓▓▓-▓▓▓▓▓."

트럼피가 안동경찰서에서 피해자 가족 행세를 하며 꽥꽥 짖어대는 동영상이 있다. 그때 매고 있던 크로스백을 선고일에도 매고 왔다. 그 가방을 받으러 트럼피의 이모가 방청석 앞쪽으로 걸어 나왔다. 교정시설 관리인이 트럼피를 데려가려 하자 그는 '아니 우리 애를 왜 데려가냐' '정신병원에 입원했다가 퇴원했다'라며 속상한 티를 팍팍 냈다. "괜찮아요. 괜찮아요." 트럼피가 그의 큰이모를 다독였다.

"가방 주세요. 아이고! 왜 저러는데요? 왜 저러는데요?"

트럼피 큰이모는 두 손으로 방청석 앞 바리케이드를 탕탕 내리치며 원통함을 호소했다. 같은 날 2시 안동에서 문형욱의 재판이 있어서 선고 직후 바로 안동으로 이동해야 했다. 방청석에서 소리 지르고 난동 부렸는데 벌금 100만 원에 감치⁺도 해줬으면 싶었다.

트럼피는 대구역 부근, 자갈마당이라 불렸던 성매매 업소가 많은 동네 출신이다. 자갈마당이 철거된 그 동네에는

⁺ 법정 질서를 어지럽힌 사람을
   제재·구금하는 것

몇 년 전 재개발로 아파트 단지가 들어섰다. 2심에서 트럼피 국선변호인은 "트럼피는 학교폭력, 가정폭력의 피해자다. 아버지는 알코올 중독자다. 어머니는 조현병을 진단받았다"라며 그의 불우한 가정환경을 내세워 선처를 요구했다. 범행 당시 트럼피는 공범들에게 교촌치킨 기프티콘 2만 원, 문화상품권 5000원, 850원짜리 육개장 사발면 기프티콘을 받고 n번방 링크를 공유하고, 아동·청소년 성착취물을 팔았다. 피해자의 고통은 안중에도 없이. 2020년 9월 징역 2년을 선고받은 트럼피는 2022년 가을에 출소한다.

윤▨동(트럼피) ǀ 완장방 운영자	
검찰 구형	징역 5년
1심 선고	징역 2년, 성폭력 치료 프로그램 40시간, 삼성 갤럭시 노트9 몰수, 추징금 3만850원, 아동·청소년 관련 기관 및 장애인 복지시설 취업 제한 10년
2심 선고	항소 기각, 징역 2년 확정
감형 사유	범행 인정, 재범 않겠다 다짐, 공범 수사 협조, 처벌받은 범죄 없음

지금 막 뛰어오고 계십니다

2020년 9월 24일

"김██ 변호사님 안 나오셨죠? 변호인 나오면
진행하겠습니다."

다른 사건 피고인 변호인이 제시간에 나타나지 않았다.

"다음 사건이 증인 있는 사건⁺이라서 변호인이 올
때까지 조금만 기다리겠습니다."

조순표 판사가 사무관에게 변호인한테 전화해보라고
지시했다. 뺀질뺀질한 태도의 사무관이 법정 밖으로 나가서
통화를 마치고 들어오면서 "(변호인이) 지금 막 뛰어오고
계시답니다"라고 전달했다. 변호사가 재판에 지각해서
뛰어오고 있다니! 나는 어쩐지 크게 소리 내 웃을 뻔했다.
그런데 주위를 살펴보니 아무도 미동하지 않았다. 어금니 꽉
깨물고 웃음을 참았다.

잠시 후 백발의 신사가 헉헉대며 법정에 들어섰다.
재판이 순조롭게 진행되나 싶었는데 막바지에 다음 재판
날짜를 정하는 중 변호인이 본인 일정을 직원한테 물어봐야
한다고 재판 도중에 통화하러 법정을 들락날락했다.
진지하고 엄숙하기만 할 것 같던 법원이 그날따라
시트콤처럼 느껴졌다.

엄마잖아요

2020년 9월 24일

안승진과 김▒영의 어머니 두 분이 아들의 선처를 구하기 위해 증인으로 출석한 날이었다. 피고인석에서 김▒영은 초연해 보였고, 안승진은 방청석을 둘러보며 제 엄마를 찾았다. 증인신문이 시작되고 김▒영의 어머니가 증인석으로 나섰다. 뒷자리에서 내 KF94 마스크를 뚫고 들어오던 진한 파스 냄새의 주인공이셨다. 검은 치마 정장 차림이었는데 왼쪽 발목에 붙인 네모난 파스가 눈에 띄었다.

안승진과 김▒영의 어머니는 오른손을 들고 울먹이며 위증하지 않겠다고 선서했다. 안승진 어머니부터 증인신문을 했고, 김▒영의 어머니는 법정 밖으로 나가서 대기했다.

변호인   피고인 안승진의 어머니지요?

안승진 모   네.

변호인   증인의 가족관계는 어떻게 되나?

안승진 모   네 명이다. 안▒▒▒, 저, 안승진, 안▒▒▒.

변호인   증인의 남편, 안승진의 동생이 있군요.(이 질문은 안승진의 가족이 4인 정상가족임을 확인하려는 것 같았다.) 증인 가족의 사는 형편은 어떻나?

안승진 모   애 아빠가 일용직인데 4개월간 일이 없어서 보름 정도밖에 일을 못 했다.

변호인	안승진이 어릴 때는 어땠나?
안승진 모	초등학교 3~4학년까지 많이 허약해 새벽마다 일어나 울고 경기를 일으켰다. 한약을 많이 먹였으나 체질적으로 허약했다.
변호인	중고등대학교에 다닐 때는 어땠나?
안승진 모	평범한 아이였다.
변호인	안승진이 대학교 2학년 때 휴학하고 군에 입대하고, 2019년 여름에 전역했다. 군 생활은 어땠나?
안승진 모	군 생활은 잘했다.
변호인	안승진이 군에서 휴가를 나왔을 때 성매수로 기소유예 처분을 받았다. 알고 있었나?
안승진 모	알고 있었다.
변호인	안승진이 n번방 가해자임을 언제 처음 알았나?
안승진 모	2020년 5월 구속 무렵에 알았다.
변호인	안승진이 구속된 이후 면회 가거나 편지를 보낸 적이 있는가?
안승진 모	편지는 자주 보냈으나 면회는 자주 못 했다.
변호인	증인은 무슨 일을 하고 있나?
안승진 모	공장에 다닌다.
변호인	안승진이 잘못을 인정하고 반성하는 태도를 보였나?
안승진 모	잘못을 인정하고 평생 속죄하는 마음으로

살겠다고 진심으로 반성했다.

변호인 　가족들이 모두 깊이 반성하고 있나?

안승진 모 　네.

변호인 　지금까지 안승진을 키우고 지켜봐온
엄마잖아요. 아쉬운 생각, 안타까운 마음이
드는 대목이 있나?

안승진 모 　제가 살기 바빠서, 아이가 조용하고 말썽을
피우지 않아서 아이가 잘 자라고 있는 줄
알았다. 제가 좀 더 신경을 써야 했다는
반성을 많이 했다.

자식의 잘못에 자식 교육 잘못한 엄마를 비난하는 가부장의
관점이 엿보이는 질의였다. 이후 부장판사가 범행 당시
증인과 안승진이 같이 살았는지, 압수수색 때 집에 있었는지,
안승진의 구속 사실과 구체적 범죄 사실을 언제 알았는지
등을 이어 질문했다.

　　다음으로 김▇영 모친이 증언을 했다. 앞서와 비슷하게
가족관계가 어떻게 되는지, 사는 형편이 어땠는지, 학교 다닐
때와 공익근무할 때 어땠는지를 질문했다.

변호인 　▇▇대에서 공익요원으로 근무하다가
구속됐죠?

김▇영 모 　네.

변호인 　2016년에 이 사건 공소장에 나와 있는

범죄 사실로 서울에서 조사받고 기소유예
처분받은 적 있었죠?

김███영 모   2016년 여름이었다.

변호인   그 이후로 잘못을 저지른 게 없죠?

김███영 모   ███영이도 많이 반성했고, 성폭력 치료
프로그램을 이수하며 검사님과의 약속
지키려 노력했다.

변호인   김███영이 구속된 이후 면회 가거나 편지를
주고받은 적 있나?

김███영 모   여러 번 있다. 화상 접견을 일주일에 한두
번 했다. 법무부 홈페이지의 인터넷 서신을
주고받았다.

변호인   김███영이 본인의 잘못을 인정하고 반성하는
태도를 보였는가?

김███영 모   멀리 떨어져 있어서 자주 보지는 못했지만
반성하는 모습을 많이 보여줬다. "너무
죄송하다, 앞으로 이런 일은 없을 것이다,
너무 후회한다"라고 말했다.

변호인   나이 어린 피해자와 가족들에게 피고인과
함께 가족으로서 깊이 반성하고 있죠?

김███영 모   너무 안타깝고, 죄송하고 면목이 없다.

변호인   증인도 엄마잖아요. 지난날을 돌이켜 봤을 때
아쉽거나 안타까운 점은?

김███영 모   ███영이가 방황하던 시기에 아버지가

돌아가셔서 아이가 흔들린 게 너무 안타깝다.
그때 제가 바빠서 ███영이를 덜 보살폈다.

부장판사　피고인 아버지가 사망한 원인은 무엇인가?

김███영모　간경화였다.

부장판사　증인의 하시는 일은?

김███영모　방문 학습지 교사다.

이어 안승진과 김███영의 변호인은 자기도 아들 몇 명, 딸이 몇 명 있다는 둥 변론을 했다. 그 변호인이 맡은 다른 피고인의 선고일에는 가해자 아버지가 와서 판사에게 절을 했다.

　안승진과 김███영은 성인 여성보다 아동·청소년이 협박에 취약함을 알고 의도적으로 아동·청소년을 범행 대상으로 삼았다. 안승진은 아동·청소년 피해자에게 성착취물을 촬영하도록 협박하는 역할을 맡았다. 김███영은 피해자들을 협박하고, 성착취물을 제작했다. 안승진은 이미 성매수로 기소유예 처분된 전력이 있다.

　거듭 가족 얘기를 하며 인정을 호소하는 듯한 증인신문은 찜찜함만을 남겼다. 아직도 많은 가해자가 재판에 넘겨지지 않았다며 기뻐하고 있다. 그래도 그들이 수사받은 이력은 남는다. 뭐든, 뭐 한 줄이라도 더 남아서 신난 가해자들이 평생 마음 한구석이라도 불편하게 살기만을 바랐다.

안승진(코태) | n번방 공범, 피해자 협박

검찰 구형	징역 20년, 신상 정보 공개 고지, 성폭력 치료 프로그램 수강 이수, 아동·청소년 관련 기관 및 장애인 복지시설 취업 제한 10년, 위치 추적 전자장치 부착 30년, 보호관찰
1심 선고	징역 10년, 위치 추적 전자장치 부착 기각
감형 사유	범행 인정, 깊이 반성함, 형사 처벌 전력 없음, 피고인 가족의 선도 다짐
2심 선고	항소 취하, 징역 10년 확정

김█영 | n번방 공범, 피해자 협박, 성착취물 제작

검찰 구형	징역 15년, 추징금 120만 원, 신상 정보 공개 고지, 성폭력 치료 프로그램 수강 이수, 아동·청소년 관련 기관 및 장애인 복지시설 취업 제한 10년, 위치 추적 전자장치 부착 30년, 보호관찰
1심 선고	징역 8년, 위치 추적 전자장치 부착 기각
감형 사유	범행 인정, 깊이 반성함, 형사 처벌 전력 없음, 범행 당시 미성년자, 피고인 가족의 선도 다짐
2심 선고	항소 기각
3심 선고	상고 기각, 징역 8년 확정

n번방 공범 오프라인 정모

2020년 10월 12일

　　문형욱(갓갓)의 공범 2차 증인신문이 있었다. 김▦광, 이▦재, 양▦빈이 증인으로 출석했다. 김▦광이 공범들 대표로 선서를 하고 증인신문이 시작됐다. 검사, 문형욱의 변호인, 판사 순으로 공범들에게 질문했다. 공범들은 범행 당시 피해자가 문형욱에게 일방적으로 복종해야 하는 관계임을 짐작하고 있었다. 문형욱과 공범들은 SNS로만 연락하다가 이날 법정에서 처음 만났다.

양▦빈 | 유사성행위	
선고	집행 유예 4년(징역 3년) 확정, 보호관찰, 성폭력 치료 프로그램 40시간
감형 사유	하지마비 등으로 휠체어 없이는 자유롭게 이동할 수 없는 지체장애 1급 장애인, 소극적 가담, 피해자를 직접적으로 폭행·협박하지 않음, 범행 자백, 반성, 범행 당시 미성년, 범죄 전력 없음

검사　　범행 당시 몇 살이었나?

양▦빈　　18살, 고등학교 3학년이었다. '여자랑 놀게 해준다'라는 트위터 글을 보고 대화방에

들어갔다. 성적인 건 줄 몰랐다. 친구를
만들어주는 줄 알았다. 대화방에 문형욱, 저,
피해자가 있었다. 문형욱이 범행을 지시했다.
문형욱의 지시로 피해자를 세 번 만났다.

검사   왜 문형욱의 지시를 따랐나?

양▒빈   문형욱에게서 보이스톡이 왔다. "똑바로 안
하면 찾아가서 죽인다"라고 나를 협박했다.
문형욱이 무서워서 피해자를 다시 만났다.

검사   성착취물을 촬영한 이유는?

양▒빈   문형욱이 성착취물을 촬영해 카톡에
올리라고 했다. 성착취물을 문형욱에게
보내주고, 원본은 지웠다.

검사   문형욱과 피해자는 어떤 관계인 것 같았나?

양▒빈   대화 중에 문형욱이 "나를 잘 따르는 애다.
잘해줄 거다"라고 했다. 뭔가 이상하다고
생각했다.

검사   경찰에 신고 또는 피해자에게 정황을 물어볼
생각은 없었나?

양▒빈   피해자에게 물어봤다가 도리어 문형욱에게
보복당할까 봐 물어보지 못했다. 문형욱이
나를 진짜 죽일 것 같았다. 문형욱이 나의
학교, 이름, 나이를 알고 있었다. 나에게
물리적 폭력을 가할 것 같았다.

부장판사 증인은 문형욱에게 상당히 위압감을 느낀 것

같은데, 문형욱이 증인을 구체적으로 어떻게
위협했나? 문형욱은 증인의 이름, 학교,
생년월일 정도만 알고 있었는데.

양■빈 제가 다니는 학교를 알면, 문형욱이 학교에
찾아와서 제 주소를 알아내 집으로 찾아올 것
같았다.

부장판사 문형욱이 학교에 찾아와 증인의 범행이
소문날까 봐 무서웠나?

양■빈 그것도 그렇고…….

이 ■ 재 ㅣ 미성년자 유사성행위, 강간, 성착취물 제작 및 스트리밍	
선고	징역 3년 확정(2022년 출소)
감형 사유	범행 인정, 반성, 형사 처벌 전력 없음, 뇌경색으로 투병 중인 아버지 간병, 교통사고로 거동이 불편한 어머니 대신 가장 역할, 피해자에게 별다른 폭력 행사하지 않음

검사가 이■재의 조서를 넘기던 도중 피해자 사진이 첨부된
페이지가 1분가량 법정 스크린에 비추어졌다. 판사, 검사,
피고인 변호인, 피해자 변호인 중 그 누구도 문제 제기하지
않았다.

이■재	트위터로 문형욱과 처음 연락했고, 라인 대화방에 초대됐다. 라인 대화방에서 문형욱이 "노예 있는데 만나보지 않을래?"라고 했다. 피해자와 만나는 시간, 장소는 문형욱이 지정했다.
검사	만나볼래 할 때 뭐 하려고 만날지 전제가 있었나?
이■재	문형욱이 동영상을 찍어달라고 요구해서 피해자를 만났다. 문형욱이 "시간이 어떻게 되냐? 다시 또 만나볼래?"라고 다시 연락했다.
검사	범행 당시 피해자가 미성년자임을 알았나?
이■재	트위터 계정 프로필 사진을 보고 미성년자임을 알고 있었다. 사진 옆에 나이, 개인정보가 적혀 있었다.
검사	문형욱과 피해자는 어떤 관계인 것 같았나?
이■재	문형욱이 주인이고, 피해자가 노예인 걸로 알고 있었다. 서로 원해서 그런 관계를 맺은 줄 알았다. 문형욱이 나에게 네이버 라인 스트리밍을 켜고 성착취물을 촬영하도록 지시했다.
부장판사	피해자가 증인을 만날 때 행동, 태도가 겁에 질려 있었나? 자연스러웠나?
이■재	평범했던 것 같다.
주심판사	피해자의 나이(13세)를 알고 있었나?

이▨재　　트위터 계정 프로필 사진 옆에 나이가 적혀
　　　　　있었다.

주심판사　성착취물 스트리밍에 몇 명이 들어왔는지
　　　　　알고 있었나?

이▨재　　몰랐다.

주심판사　증인의 얼굴이 성착취물 스트리밍 영상에
　　　　　나올 거라 생각했나?

이▨재　　제 얼굴이 나오는 줄 알았다. 그때는 좀
　　　　　미치지 않았었나 생각한다.

김　광 ｜ 성착취물 제작 의뢰, 성매수, 성착취물 소지	
1심 선고	징역 3년, 성폭력 치료 프로그램 40시간, 아동·청소년 관련 기관 및 장애인 복지시설 취업 제한 10년, 증거 몰수
감형 사유	범행 인정, 반성, 성적 충동 고치는 치료 받겠다고 다짐함, 벌금형 초과 범죄 전력 없음, 피고인 가족과 지인들이 피고인 선도 다짐하며 선처 탄원
2심 선고	항소 기각
3심 선고	항소 기각, 징역 3년 확정(2022년 출소)

검사　　　증인은 2019년 대구지방법원 안동지원에서
　　　　　아동·청소년을 대상으로 성착취물을

제작하여 아동·청소년 성보호 법률을 위반해
실형 선고 확정돼서 복역 중인가?

김█광   그렇다.

검사   트위터를 통해 알게 된 문형욱에게 카카오톡
오픈채팅으로 증인의 정액을 마시는
성착취물을 제작하도록 의뢰한 적이 있나?

김█광   '자위기구, 정액을 모아서 갖다 주면
성착취물을 제작해주겠다'라는 트위터 광고
글을 보고 "제 정액을 꿀꺽꿀꺽 마시는
성착취물을 제작해주세요"라고 의뢰했다.

김 █광이 보낸 성착취물 제작 의뢰 메시지

※※더러움 주의, 맞춤법 틀림 주의※※

이번에는 제 정액 꿀꺽꿀꺽 다 먹으면서 자위하고
가는 모습까지 길게 부탁드려요 논스톱으로ㅎ 그렇게
자극적이어야 또 모아서 갖다줄 맘이 생기니깐요ㅎㅎ

아 근처에 혹시 화장실 있으면
꼭 그런데서 해주면 더 좋고요ㅎㅎ

안 보시네ㅎ

암튼 제부탁들어주시면 만원씩 용돈도
꼭 놔두고 갈께요 저번처럼ㅎㅎ 수고해요

검사	요구한 대로 제작된 성착취물을 받았나?
김▒광	받았다.
검사	요청만 했나? 준비물을 갖다 줬나?
김▒광	정액만 모아서 갖다 줬다.
검사	문형욱이 지정한 장소에 갖다 줬나?
김▒광	네. 파란색 자동차였다.
검사	성착취물에 등장하는 사람이 아동·청소년인 걸 알고 있었나?
김▒광	몰랐다. 조사받을 때 알았다.
검사	문형욱과 피해자의 관계를 알고 있었나?
김▒광	트위터 광고 글 게시자(문형욱)와 성착취물에 등장하는 사람(피해자)이 동일인물인 줄 알았다. 노예라는 표현은 광고 글에도 없었다. 나중에 피해자에게 "주인이 생겼다"라는 이야기를 듣고 두 사람이 동일인물이 아니라는 의심이 들었다.
주심판사	피해자가 미성년자인 것을 떠나서 이거 좀 이상한 행위인 것 아닌가?
김▒광	네. 잘못된 행동이라고 생각한다.
부장판사	피해자 만났을 때 피해자 상태는 어땠나? 겁에 질려 있거나.
김▒광	피해자를 직접 만났던 적은 없다.
부장판사	성착취물 제작 의뢰 외에 다른 범행 포함해서 징역 3년을 선고받았나?

김■광   성착취물 제작 의뢰로 조사를 받다가
         N드라이브에 성착취물을 소지한 것도
         포함됐다.

김■광은 게임회사 디자이너였고 검거 후 해고됐다.
인터넷으로 뉴스 기사를 읽을 때마다 기사를 가리는 게임
배너 광고를 보면서 성적 불쾌감을 느끼곤 했는데 뒤에
저런 자가 있었던 걸까. 검사가 김■광의 조서를 넘길 때 한
페이지의 상단에 '여자친구 이름 ■■■■'라고 적힌 것이 눈에
띄었다. 내 고등학교 동창의 이름과 같았다.
         여기까지가 문형욱 공범 2차 증인신문 내용이다.
문형욱 공범 1차 증인신문에는 안승진, 이■민이 출석했다.

이■민 | 성폭행, 불법촬영 및 스트리밍	
선고	징역 3년 확정(2022년 출소 예정)
감형 사유	피해자를 폭행·협박해 범행을 저지르지 않음, 초범, 반성문

이■민은 대구에서 피해자를 성폭행하고, 성폭행 영상을
불법촬영해 온라인 스트리밍했다. 이■민의 증언을 들으면서
범행 장소가 어디인지 파악할 수 있었다. 나의 언니가 사는
동네. 나와 언니가 자주 산책하던 공원 근처. 범행 장소는

관할 경찰서에서 1.6킬로미터 떨어져 있다. 현재 이█민의 범행 장소는 영업을 중단하고 2022년부터 건물을 허물어 고층 아파트 공사가 진행될 예정이다. 그러나 나는 그 장소를 지날 때마다 이█민의 범행과 n번방 사건을 떠올릴 것이다.

　　문형욱의 1, 2차 증인신문에 출석한 공범들은 안승진을 제외하고 모두 집행유예에서 징역 3년 이하를 확정받았다. 2019년 안동지원에서 문형욱 공범의 1심 재판을 배당받았던 판사가 작량감경을 말 그대로 남발한 판결문 사본을 읽어봤다. 이 판사는 2020년 2월부터 대구고등법원에 근무하고 있다. n번방 성착취물을 판매한 박█준의 2심 재판을 배당받고, 검찰과 피고인의 항소를 기각해 징역 4년(검찰 구형 징역 10년)을 확정했다. 이 판사는 구미 아동학대 사건, 대구 청년 간병인 존속살인 사건의 항소심 재판을 배당받아 2021년 TBC 대구방송 뉴스에 자주 모습을 보였다.

옳음과 친절함 중에서

2020년 10월 12일

　　불구속 재판을 받고 집으로 돌아가는 가해자들을 볼 때마다 발을 걸어 자빠뜨리고 싶었다. 코라도 깨졌으면 했다.

　　문형욱의 공범 양█빈은 지체장애 1급이라 1심에서

징역 3년, 집행유예 4년을 선고받았다. 양⬛빈은 머리카락을 카키, 블루 색깔로 그라데이션 염색을 하고 한껏 멋 부린 차림으로 휠체어를 타고 왔다. 단정한 차림은커녕 '쇼미더머니' 출연자처럼 보였다. 1차 증인신문에 출석하지 않은 양⬛빈에게는 과태료 200만 원이 부과됐었다. 그러나 조순표 판사는 양⬛빈이 불편한 몸으로 결국 증언하러 왔다며 과태료를 '쿨하게' 취소해줬다.

　　내 정신이 환멸에 찌들어가는 느낌이 들 때마다 영화 「원더」를 본다. 똑똑한 소녀 서머가 또박또박 읽어준 격언이 떠올랐다. "When given the choice between being right or being kind, choose kind(옳음과 친절함 중 하나를 선택해야 한다면 친절함을 택하라)." 속으로 참을 인을 세 번 쓰는 순간마다 이 대사를 떠올리며 친절함을 택하려 노력해왔다. 그런데 조순표 판사도 옳음과 친절함 중 친절함을 택했다. 좋게 보면 그는 휴머니스트 같았다. 그런데 판사로서 그의 선택은 잘못됐다. 너무 쉽게 범죄자를 면책했다.

　　양⬛빈과 지적장애 3급 고⬛훈의 등장에 뒤통수를 세게 맞은 것 같았다. 장애인 가해자들의 존재가 여러 생각을 남겼다.

화장실

2020년 10월 12일

　　문형욱의 두 번째 증인신문이었다. 검사가 추가로
제출한 증거조사가 한창인데 문형욱이 "화장실에 가고
싶다"고 해서 10분간 휴정한 적이 있다. 방광도 싫은 놈이다.
오늘 증인신문, 피고인신문인 걸 알았으면 화장실에 미리
다녀왔어야지.

　　휴정 후 비공개 증거조사 때 법정 밖에 나와 있었다.
1호 법정 밖은 방청인들로 북적였다. 안동지원 1층에는
법정이 두 개다. 형사재판은 1호 법정에서, 경매는 2호
법정에서 열린다. 2호 법정에서 법복 입은 한 분이 호기심
가득한 눈빛으로 1호 법정 '오늘의 재판 안내'를 살펴보고
있었다. 조용한 시골 법원이 북적거리니 무슨 사건인지
궁금했나 보다.

문형욱 탄원서 제출

2020년 11월 5일

　　문형욱 엄벌 탄원서를 제출하기 위해 멸균, 안개,
발바닥, 양파님과 만났다. 양파님과 나는 대구에서 안동으로
합류했다. 아침 안개가 짙게 꼈다. 안동터미널에서

안동지원까지 택시를 타고 가는데 가시거리가 1미터
정도였다. 이게 우리의 미래인가 싶었다.

법원 앞 인도에는 문형욱 엄벌 현수막을 들고 있는
한 무리의 연대자들이 계셨다. 우리는 검찰청과 법원 사이
야트막한 아스팔트 언덕 앞에서 실제로는 처음 만나는 eNd
사람들을 기다렸다. 총총히 걸어오는 세 명의 머리가 보였다.
저분들인가? 두근두근.

짧게 인사를 나누고, 안동지원 현관으로 이동해
탄원서가 배달 오길 기다렸다. 인쇄소 사장님이 문형욱 엄벌
탄원서 여덟 박스를 배달해주셨다. 열리지 않게 끈으로
묶어주신 덕분에 박스를 옮기기 수월했다. 나도 사장님처럼
준비성을 발휘해 우리 팀원들 손 다칠까 봐 작업 장갑 다섯
켤레를 챙겨 왔다. 장갑을 끼고 인당 두 박스씩 옮겼다.
형사사건 관련 서류는 안동지원 2층 형사계에 접수해야
한다. 까칠한 사무관이 북적댄다며 빨리 놓고 꺼지라는 듯이
응대했디. 서러웠다.

탄원서를 제출하고 택시로 이동하면서 대구로
돌아오는 3시 고속버스표를 예매했다. 고속버스 QR코드
단말기에 승차권을 스캔하는데 기사님이 표를 잘못
예매했다고 알려주셨다. 안동에서 대구가 아니라 대구에서
안동으로 가는 표를 산 것이다. 2020년 11월에 문형욱과
공범들의 1심 선고가 마무리될 거라고, 이제 안동에 올 일은
없겠다는 생각에 기념품 가게에서 모부께 드릴 안동소주와
안동사과빵을 사서 짐도 많았는데……

그리고 나는 2021년 4월까지 안동을 오가야 했다.

방청 동행 프로젝트

2020년 11월 11일

트럼피의 2심 첫 재판 방청을 위해 대구지방법원에 다녀왔다. 대구에서 첫 방청 동행 프로젝트를 진행했다. 참가 신청자는 3명이었고, 당일 모두 참석했다. 법정 앞 오늘의 재판 안내 전광판에서 판사 이름, 사건 번호, 피고인 이름, 죄명 등을 확인하도록 안내했다. 법원 앱으로 사건 번호를 조회하는 방법, 방청할 때 적어야 하는 것들에 대해 간단히 안내하고 참가자들과 함께 방청했다. 대구지방법원 항소부 판사 셋은 '파파할아버지'였다. 인자한 인상에 말투도 나긋나긋했다. 신관 202호는 스피커 볼륨이 작아서 판사, 검사의 목소리가 잘 들리지 않았다.

트럼피의 사건 번호와 이름이 호명되고, 드럼통 같은 트럼피가 등장했다. 트럼피의 덩치를 보고 놀란 참가자가 있었다. 1심 선고 때보다 덩치가 두 배는 커진 것 같았다. 구치소에서 삼시 세끼 잘 챙겨 먹고, 복용 중인 약물 부작용으로 살이 많이 찐 것 같았다. 트럼피와 동문이라는 참가자도 있었다. 트럼피가 학교에서 제적됐는지 여부를 궁금해했다. 나도 궁금했다. 그 학교는 이 범죄자를 어떻게 했을까?

  선고 당일 트럼피는 포승 벨트로 상체를 두 번 감은 채
법정에 들어섰다. 트럼피와 검사의 쌍방 항소는 기각됐다.
트럼피에게 징역 2년을 확정한 대구지방법원 판사는 몇 개월
후 대구지방법원장으로 승진했다.

케이스마스터

법원 앱은 구리다. 방청 동행 프로젝트 참가자들도 한결같이
'앱이 느리고 사건 번호를 조회하기 불편하다'고 했다. 법원
이름을 찾는데 가나다순도 아니고, 지역 번호순도 아니다.
눈에 피로감이 몰려오고, 앱을 쓸수록 성격이 나빠진다.

  검찰에선 아직도 영상 증거물을 CD에 구워서
제출한다. 법원에서는 증인신문 때 조서 확인용으로
1990~2000년대 수업 시간에 칠판 대신 사용했던 오버헤드
프로젝터(OHP)를 사용한다. 요새는 스마트폰, 아이패드 화면
공유로 1초도 안 걸리는데. 법원 앱과 재판용 장비는 세월아
네월아 한다.

  연대자D님의 연말 줌 세미나에서 '케이스마스터'라는
앱을 추천받았다. 사건 번호 옆에서 다음 재판기일을 바로
확인할 수 있다. 매주 가해자들의 재판 일정을 확인하는
팀원들에게 아주 요긴하다. 30건까지 무료로 조회할 수 있다.

가해자가 의견서와 반성문을 제출했다, 가해자 변호사가 열람·복사 신청을 했다 같은 알림이 와서 편리하다. 물론 가해자가 의견서며 반성문을 냈다는 알림이 자주 울리면 혈압이 오르기는 한다.

내 자식이 가해자라면

2020년 11월 19일

1심 선고를 앞두고 재판부 직권으로 안승진의 변론 재개 재판이 열렸다. 내심 안승진의 여죄가 털리기를 기대했다. 안승진의 어머니도 방청석에 와 있었다. 안승진의 어머니는 증인으로 출석했을 때는 티셔츠 차림에 머리를 하나로 질끈 묶고 잔머리가 삐져나온 모습이었다. 이날은 미용실에 다녀오신 듯 머리에 잔뜩 힘이 들어가 있었다. 안개님과 법정 출입문에서 안승진의 어머니와 잠시 마주쳤다. '엄마 탓이 아니지.' 안개님과 나는 매너 있게 출입문을 잡아드렸다.

안개님이 했던 말이 기억난다. "그 입장이 된 적이 없어서 그런데 내 자식이 가해자라면 어떻게 했을까요?" 나도 같은 고민을 했다. 내 자식이 가해자라면……. 인간 자식은 아니지만 인공 수유를 해서 키운 고양이 일곱 마리가 있다. 다들 입양 가서 잘 살고 있다. 눈도 못 뜨던

100그램대의, 너무 작아 만지면 부서질 것 같았던 녀석들.
내가 낳지 않았지만 녀석들이 눈을 뜨고, 분유를 떼고
사료를 먹고, 엉금엉금 걷다 점프를 하면 놀랍고 기특하고
기뻤다. 입양을 기다리며 다른 임시보호처에서 살다가
그 집 고양이들한테 맞으면 속상했다. 내가 가해자의
모부라면…… 피해자와 그의 가족에게 너무 미안할 것 같다.
그저 너무 미안할 것 같다.

싸구려 무릎

2020년 12월 3일

안동지원 방청석 2열 통로석은 내가 가장 좋아하는
자리다. 이날은 그 자리에 끙끙 소리를 내는 백발 할아버지가
먼저 앉았다. 할 수 없이 1열 통로석에 앉았다. 귓등으로 계속
전해지는 앓는 소리가 매우 신경 쓰였다. 범죄자인가? 무슨
죄를 저지르고 여기 온 걸까?

이날은 문형욱 일당의 재판을 방청하며 자주 보던
성범죄자 김░░░의 선고일이었다. 김░░░이 선고받기 위해
피고인석에 서자 뒷줄의 할아버지가 갑자기 방청석 복도 맨
앞으로 나와서 판사들에게 넙죽 큰절을 했다.

그 할아버지는 김░░░의 아버지였다. '에헴, 안동에서
으른인 내가 아들의 선처를 구하기 위해 절을 한다.

으른이 이렇게까지 나서는데 내 아들 좀 봐줘라'라는
메시지가 전달되는 광경을 지켜보았다. 선고일에 이 무슨
헛짓거리인가? 법원 경위가 방청석 맨 뒤에서 빠른 걸음으로
걸어와 할아버지를 일으켜 세웠다.

김▓▓은 무죄를 선고받았다. 김▓▓은 이날 그간의
억울함을 호소했다. 엉엉 우는 소리를 크게 냈지만 두 눈엔
눈물 한 방울 흐르지 않았다. 그런 거짓 울음은 처음 보았다.
판사가 김▓▓에게 무죄 판결을 관보에 공시할까 말까, 본인의
의사를 밝히라는데 그 눈물 없는 울음소리만을 반복하며
조순표 판사를 당황하게 했다. 진심으로 한심하게 느껴졌다.
족히 쉰 살은 넘어 보이는 피고인을 판사가 어르고 달랬다.

종신형만 주세요

문이 열리네요 재판부 들어오죠
첫눈에 난 개노답인 걸 알았죠

법정에 앉아서 머리 쥐어뜯는 주심 모습
정말 눈꼴 사납고 한심했죠
웬일인지 낯설지가 않아요 또 감형하죠
내 분노 모두 가져간 판사

그냥 돌직구로 얘기할래요 귓구멍 열어요
나 오늘부터 사법부 규탄해도 될까요

처음인 걸요 분명한 느낌 놓치고 싶지 않죠
종신형 오려나 봐요
갓갓에게는 종신형이 딱이야[+]

연말에 산책하다가 노래를 흥얼거리며 문형욱의 종신형을
빌었다. 한국은 가석방 없는 종신형이 존재하지 않는다.
문형욱 사건을 담당한 재판부 우배석 판사는 컴퓨터공학과
출신이었다. 나는 어째선지 법 공부만 한 판사들보다 낫지
않을까 기대했다. 음……. 기대를 하지 않는 편이 나았다.
판사 정보는 '법률신문 한국법조인대관'에서 판사 이름으로
검색하면 확인할 수 있다.

성공해본 사람이 계속 성공한다

연대 활동을 시작하기 전 나는 내가 할머니가 되어도 한국
사회는 변하지 않을 거라는 패배감, 무력감에 젖어 있었다.
한번은 직장 상사가 "성공해본 사람이 계속 성공한다"라는
말을 했다. 당시 패배감에 찌들어 있던 나는 내가 실패만
해왔으니 계속 실패한다는 뜻으로 꼬아서 들었다. 요즘은 그

[+]　유리상자 「사랑해도 될까요」에 맞춰
　　불러보자.

말이 다른 의미로 일리 있다고 생각한다.

가해자들이 검거되고 재판에 넘겨지고 실형을 선고받는 일련의 작은 성과를 목격하면서 연대 활동이 해볼 만하구나 생각했다. 디지털 성범죄 양형 기준이 마련됐고, 형량은 썩 만족스럽지 않지만 가해자들에게 집행유예가 아닌 실형이 선고되기도 했다. 과거부터 꾸준한 여성 연대가 있기에 이렇게 작지만 의미 있는 결실이 하나씩 만들어지고 있다.

팀에 짐이 되지는 말자고

나는 매년 입동이 지나고 12월이 되면 몸살이 난다. 올해도 어김없이 몸살이 나서 용하다는 동네 내과에 수액을 맞으러 갔다. 몸살이 날 즈음해서 재판팀 팀장 두 분이 본업에 중요한 시기라 잠시 활동을 중단했다. 나는 시간적인 여유는 있었는데 체력이 바닥났다. 수액을 맞으며 재판팀 지원자 목소리 인증을 시도했는데 오류가 발생해 다음 날 오전에 회사 창고에 숨어서 인증을 마무리했다. 주말엔 앓아누운 채 스마트폰으로 모 대학 저널 인터뷰 질문지에 답변을 입력했다. 나를 갉아먹는 줄도 모르고 성착취 사건에 대한 분노를 원동력 삼고 지냈다.

불혹을 바라보는 나이. 평균 연령 56세인 우리 집에서도 할매라고 불리는데 젊은 팀원들과 활동하며 신문물을 많이 접했다. 카카오톡 오픈채팅방을 처음 만들어봤다. 게을러서가 아니라 익숙하지 않아서 오래 걸렸습니다!

eNd에 합류하면서 팀에 짐이 되지는 말자고 다짐했다. 막상 연대 활동을 하면서 나의 모나고 모자란 부분을 마주할 때가 많았다. 문형욱의 공범 양█빈의 이름을 양█민으로 잘못 써서 SNS에 올렸다가 기자분 제보로 정정하기도 하고 매주 수요일이 마감인 재판 일정 공유용 파일에 시간을 잘못 적어서 디자인팀에 넘긴 적도 있다. 한동안 죄송하다는 말을 달고 지냈다.

2021년 5월 첫째 주 재판 일정에 조주빈 일당의 2심 결심 장소를 잘못 적었다. 연대자D님이 정정해주신 것을 뒤늦게 알고는 늦은 점심으로 유부초밥을 먹다가 체할 뻔했다. 중요한 날에 큰 실수를 했다.

감형 참 쉽다

안동에서는 가해자들이 구치소부터 법원까지 호송차를 타고 온다. 한번은 안동지원 현관 앞에 정차한 법무부 스타렉스 호송 차량에 안승진과 김█영, 다른 성범죄자 하나가 타고 있었다. 마침 호송 차량 운전자가 없었고 차량을 감시하는 사람도 없었다. 그 순간 초능력을 발휘해 놈들이 타고 있던 차량을 법원 앞 강물에 처박는 상상을 했다.

　　방청연대를 하며, 가해자들과 가해자 변호인의 거듭되는 발언을 듣다 보면 정말로 많은 인내심이 필요하다. 특히 문형욱 공범 박██준 변호인의 최후변론은 최악이었다. 성폭력법 개정과 디지털 성범죄 양형 기준 설정이 너무 급진적이라고 주장하며 박██준이 개정된 법과 신설된 양형 기준의 피해자라는 식으로 변론했다.

　　개인적으로 운이 억세게 좋은 가해자로 박██준, 윤██동(트럼피), 신██희(켈리)를 꼽는다. 박██준은 30대 후반으로, n번방 성착취물을 판매해 천만 단위의 수익을 챙겼다. 수사기관의 추적을 피하려고 대포폰과 대포통장을 범행에 이용했다. 아동·청소년 성착취물 소지로 기소유예 처분을 받은 적도 있다. 형사 처벌을 받지는 않았지만 재범이고 범행 수법도 매우 나빴다. 검찰은 1심에서 박██준에게 징역 10년을 구형했지만 징역 4년을 선고받았다. 2020년 9월 24일 1심 선고 당일 부장판사가 대포폰, 대포통장을 '타인 명의의 전기통신이용물, 접근매체'로 불러서 이게 무슨 말인가 싶었다. 선고일에 판결문 사본을 신청하고 4주가 지나서 PDF 파일을 메일로 받았다. 예상대로 판결문에 '속칭 대포폰, 대포통장'이라고 나와 있었다. 판결문 사본 마지막 페이지를 보니 재판을 담당한 판사 세 명의 이름이 '재판장 판사 ██████, 판사 ██████, 판사 ██████'으로 비공개 처리돼 있었다. 마구잡이로 감형하고 책임은 누가 지는 것일까.

박█준	n번방 공범, 성착취물, 불법촬영물 판매	
검찰 구형	징역 10년, 아동·청소년 관련 기관 및 장애인 복지시설 취업 제한 10년, 보호관찰 5년
1심 선고	징역 4년, 성폭력 치료 프로그램 40시간, 아동·청소년 관련 기관 및 장애인 복지시설 취업 제한 7년, 증거 몰수, 추징금 27,983,220원, 전자장치부착법에서 정한 성폭력 범죄에 해당하지 않아서 보호관찰 명령 청구 기각
감형 사유	범행 자백, 반성, 성착취물 제작에 관여하지 않음, 초범(아동·청소년 성착취물 소지했으나 재판에 넘겨지지 않은 적 있음)
2심 선고	항소 기각, 징역 4년 확정(2024년 출소 예정)

무슨 말하는지 모르겠죠?

2020년 12월 3일

　　문형욱의 1심 선고가 미뤄지고 변론 재개 재판이
열렸다. 12월 4일이 문형욱의 31호 사건 구속 기간
만료일이라서 추가 구속영장을 발부를 위해 재판부
직권으로 변론 재개가 이뤄졌다. 조순표 판사는 왜 변론
재개가 진행되는지 한참 설명했고, 김정현 검사는 문형욱이

여기저기 협박을 너-무 많이 해서 협박 사실 자료를
정리하는 데 많은 시간(동계 휴정 기간 2주 포함 약 두 달)이
필요하다 했다. 문형욱은 피해자뿐만 아니라 공범들에게도
공갈 협박을 했다.

　　이날 조순표 판사가 문형욱에게 약을 올리는 듯한
뉘앙스로 "무슨 말하는지 모르겠죠? 변호인한테 설명
들으세요"라고 한 것이 인상적이었다. 고소한 마음에 조금
웃었다. 하긴 안동지원 재판부는 2020년 2월 안동지원에
발령받자마자 텔레그램 성착취 범죄의 원흉, n번방
운영자 사건을 배당받았다. 잘해야 본전, 못하면 욕을
먹게 된 입장이라며 다들 피하고 싶은 사건이었을 테다.
재판부로서도 피로감이 있을 만도 하다.

가해자에 이입하는 당신에게

2021년 1월 13일
　　문형욱의 공범 박▓준의 2심 결심 날이었다.
안동지원에서 난폭운전을 해서 조순표 판사에게 혼났던
김▓▓▓ 일당의 2심 결심이 연이어 진행됐다. 온김에 김▓▓▓
일당의 결심도 방청했다. 김▓▓▓ 일당은 아청법 위반(성매매
알선 영업 행위)으로 2020년 5월 기소됐다. 김▓▓▓의 공범
강▓▓▓은 기소 한 달 전 결혼했고 혼인신고도 마쳤다고 했다.

강███은 최후 진술에서 '부인이 임신했었는데 낙태하고 이혼을 요구한다'며 온갖 불쌍한 척을 했다. 가해자들의 자기연민이 지겹기만 하다.

사연과 상관없이 부인의 이혼을 응원하고 싶었다. 성범죄자 안희정, 박원순의 부인들이 자필 편지까지 써가며 피해자에게 2차 가해를 해댄 걸 생각하면 이가 갈린다. 텔레그램 성착취 범죄자들의 가족도 '아들'을 위해 선처 탄원서를 써서 제출하고, 성범죄 전문 변호사·로펌을 선임한다. 성범죄자 기사에는 "가해자가 너희 오빠, 남동생, 아빠라도 엄벌을 원하냐?"라는 댓글이 달린다. 나는 늘 역으로 묻고 싶었다. 당신 가족이 범죄자인데 무슨 생각으로 신고를 안 했는가? 가해자와 가해자 가족에 이입할 시간에 한 번이라도 법원에 가서 재판을 봤으면 한다. 또한 누구든 결혼 전 반드시 경찰서에 가서 배우자 될 사람의 범죄 및 성범죄 경력을 조회해보기 바란다. 경찰서에 신분증을 가져가 신청서 한 장만 작성하면 된다. 이 서류들은 기업에서 채용 전 신원조회 시 그리고 아동·청소년 관련 기관에 최종합격 후 반드시 제출하는 서류다. 기업에서 직원 하나 뽑을 때도 서류전형, 실무면접, 증명서·자격증 진위 여부, 심층면접, 최종면접, 신원조회, 범죄이력을 살피는데 반려자를 고를 때도 이 정도는 해야 한다.

문득 지난 추석 연휴 강아지와 산책 중인 중년 여성이 "내 인생에서 가장 잘한 일이 이혼"이라며 크고 낭랑한 목소리로 통화하며 지나가던 모습을 떠올렸다. 내 옆에 있던 언니는 "오늘도 명언 터진다"라며 깔깔 웃었다. 그분의 탈혼 사유는 알 수 없지만, 범죄자가 범죄 사실을 숨기고 결혼할 경우 민법 제816조 혼인 취소 사유 중 사기에 해당하여 혼인 취소가 가능하다는 판례가 있다.

과거 작은 어학원에서 파트타임 강사로 일할 때 학원의 요청으로 성범죄 경력 조회서를 발급받아 제출한 적이 있다. 몇 년 전 한 남성 강사는 대학교에서 성범죄 경력 조회서를 제출하라고 했다며, 자신을 잠재적 성범죄자 취급한다고 공개적으로 분개했다. 나는 '잠재적 성범죄자 취급'(그의 표현에 따르면)이 전혀 불쾌하지 않았다. 해당 서류를 제출하면서 오히려 학생들이 성범죄자 없는 안전한 환경에서 공부할 수 있겠다며 안도했다. 결국 어디에 이입하느냐의 문제다.

성범죄 재판을 방청하면서 가장 안타까웠던 순간은 미성년자 피해자가 가해자 때문에 성병에 걸렸다는 소식을 들었을 때다. HPV(사람유두종바이러스)는 성관계, 생식기 분비물을 통해 감염된다. 하지만 HPV 바이러스는 여성의 포궁에서만 자궁경부암으로 진행된다. 외음부암, 항문암으로 진행될 수도 있다. 왜 HPV 백신을 자궁경부암 백신이라고 잘못 번역해서 사람들이 접종을 꺼리게 해놨는지……. 남성도 HPV 백신 접종을 해야 한다. HPV는 남성의 몸에서도 생식기 사마귀 등의 질환을 유발한다. 3차까지 꼬박꼬박 접종하세요!

방청연대 하다 보니 접종 홍보도 하게 된다

질병관리청 예방접종 도우미 홈페이지(https://nip.kdca.go.kr) →
국가예방접종 사업 소개 → 건강여성 첫걸음 클리닉 사업

▸ 대상: 만 12세 여성 청소년(2021년 기준, 2008 ~ 2009년 출생자)
▸ 지원 기간: 1차 접종일로부터 24개월 하루 전까지 2차 접종비용 지원
▸ 지원 내용: 건강상담 및 HPV 예방접종 비용지원(2회 제공)

만 12세 여성 청소년의 HPV 백신 접종비용을 2회 지원하는 사업이다.
국가예방접종 지원사업 HPV 백신으로 가다실(4가), 서바릭스(2가)가
있다. 해당 홈페이지 '지정의료기관 찾기'에서 가까운 HPV 백신 접종
기관을 확인할 수 있다.

    ※ 가다실(9가)는 국가예방접종 지원사업 지원 백신이 아니다. 제일 비싼 백신만
       지원 안 해준다.

"그딴 반성문이 먹히겠나?"

잘 먹힌다.

　　2021년 설 연휴에 심심해서 가해자들이 반성문을 몇 장씩 썼는지 세봤다. 신상이 공개된 가해자들은 반성문을 잘 쓰지 않는다. 대신 사선 변호사, 성범죄 전문 법무법인을 변호인으로 선임한다. 대표적으로 문형욱(갓갓), 남경읍, 강훈(부따).

　　반성문은 쓰지 않고 재판 기록 열람 및 복사 신청, 의견서(궤변서)를 제출하는 가해자들도 있다. 예를 들면 조주빈(박사), 강▓무(도널드푸틴), 신▓희(켈리).

　　'무기대등의 원칙'에 의해 피고인은 재판 기록 열람 및 복사 신청, 국선변호사 선임을 할 수 있고 가해자들과 그들의 변호인은 온갖 수단, 방법을 동원해 재판을 자신에게 유리하게 끌고 간다.

　　eNd에서 모니터링한 가해자들은 반성문을 1심에서 평균 22회, 2심에서 13.4회 제출했다. 가해자들의 조악한 반성문이 재판에서 효과가 있을까? 아주 잘 먹힌다. 판사들은 가해자들의 반성문을 진지한 반성으로 여기는 듯하다. 신상이 공개되지 않은 공범들은 매일 반성문을 제출하는 전략으로 판사에게 작량감경을 받아내, 검찰 구형량의 50~60퍼센트를 선고받는다.

디지털 성범죄자 반성문 랭킹

2021년 11월 10일 기준

순위	가해자명	1심 제출 수	2심 제출 수	합계
1	이██민	211	88	**299**
2	한██훈(김승민)	116	20	**136**
3	배██호(로리대장태범)	20	95	**115**
3	신█승	105	10	**115**
5	정█석	27	72	**99**
6	전█준(와치맨)	19	69	**88**
7	김█영	84	2	**86**
8	제갈██	25	16	**41**
9	노█준	6	68	**74**
10	박█준	53	12	**65**

순위	가해자명	1심 제출 수	2심 제출 수	합계
11	임■기	42	8	50
12	김■광	37	10	47
13	강■서(잼까츄)	38	7	45
14	조주빈(박사)	11	33	44
14	이■현	33	11	44
16	이■재	23	16	39
16	이■수(디지털교도소 운영자)	38	1	39
18	배준환(영강)	9	10	19
19	안승진(코태)	10	5	15
20	이■민	11	3	14
21	정■진(루루루)	8	3	11
21	고■훈	1	10	11
23	박■희	5	4	9
23	배■열	7	2	9
25	김■일(서머스비)	7	0	7
25	장■호(오뎅)	7	0	7
25	강훈(부따)	4	3	7
28	천■진(랄로)	5	1	6
28	김■훈(ㄱㄷㅎ걸레xx)	3	3	6
28	신■호(갓갓 공범)	0	6	6
28	남경읍	6	0	6

순위	가해자명	1심 제출 수	2심 제출 수	합계
32	최■호(박사방 위례 공익)	2	3	5
32	류■진(슬픈고양이)	5	0	5
32	고■영	3	2	5
35	문형욱(갓갓)	1	3	4
36	전■빈	0	3	3
37	강■무(도널드푸틴)	1	1	2
37	이■민(태평양)	1	1	2
37	신■관(흑통령)	1	1	2
37	윤■동(트럼피)	2	0	2
37	임■식(블루99)	1	1	2
42	신■희(켈리)	0	0	0
42	백■찬(윤호TM)	0	0	0
42	조■재	0	0	0
42	양■빈	0	0	0

평균	22	13.4	35.4
최다	211	95	299
최소	0	0	0

문형욱에게 n번방을 넘겨받고 K-fap방을 동시 운영한 신█희(켈리)는 2019년부터 2021년까지 반성문은 한 장도 쓰지 않고, 의견서 제출, 열람 및 복사 신청만 55회 했다. '첫 재판인데 저리 능숙할 수가 있나?' 하는 의문이 들었다. 신█희는 구속 재판 중에 구속 정지를 요청하며 나오려고 들었다. 신█희의 재판을 중점적으로 모니터링하지 못해서 아쉬움이 남는다. 신█희는 2012년 동종 전과로 재판을 받은 적 있다. 그런데도 징역 4년을 선고받고 상소장을 냈다.

신█희(켈리)	n번방 2대 운영자, K-fap방 동시 운영
2012년	미성년자 강간 미수 징역 3년, 집행유예 4년 확정
2019년	아동·청소년 성착취물 판매 혐의 징역 1년 확정, 성폭력 치료 프로그램 40시간, 아동·청소년 관련 기관 및 장애인 복지시설 취업 제한 3년, 추징금 23,975,760원
감형 사유	수사 도중 자신의 잘못 인식, 공범 수사에 적극 협조, 진지한 반성
2020년	아동·청소년 성착취물 제작, 유포로 추가 기소
검찰 구형	징역 8년, 신상 정보 공개, 성폭력 치료 프로그램 이수, 아동·청소년 관련 기관 및 장애인 복지시설 취업 제한 10년
1심 선고	징역 4년, 신상 정보 공개 7년, 성폭력 치료 프로그램 200시간, 아동·청소년 관련 기관 및

장애인 복지시설 취업 제한 10년

2심 선고	징역 4년	
3심 선고	상고 기각, 징역 4년 확정(2025년 출소 예정)	

켈리 제출 서류 (2021년 11월 10일 기준)

	1심	2심	계
반성문	0	0	0
의견서·탄원서	11	9	20
재판기록 열람 및 복사	15	4	19
증거·증인 신청	7	5	12
기일 변경	1	1	2
구속영장 집행 정지	2	0	2

불님과 방청

2021년 3월 22일

이날 안동지원에서는 오후 4시 문형욱 재판만
있었다. 좋은 자리를 맡아두고 싶어서 1시에 도착하니, 평소
2호 법정에서 진행하던 경매가 1호 법정에서 진행 중인
모양이었다. 부동산과 자동차가 경매로 나왔다. 검찰청

아르바이트를 했을 때 마지막 날 작별 인사로 직원이 내게
"법원에는 경매하러만 오세요" 했었다. 뜻밖에 그의 말대로
법원에서 하는 경매를 구경하게 됐다.

오늘 추적단 불꽃의 불님[3]이 재판 방청을 오신다고
했다. 경매를 보고도 시간이 많이 남아서 책을 읽으며
기다렸다. 법원 현관에서 불님을 만났다. 얼굴을 몰랐지만
한산하기만 한 안동지원 현관에는 그와 나 둘뿐이었다.
대뜸 "불님이세요?" 하자 그 또한 반가운 얼굴로 마주
인사해주었다. 존경하고 뵙고 싶던 분과 만나게 되어 마음이
벅찼다. 아직 쌀쌀한 날씨라 법원 건너 카페에서 뱅쇼를
마셨다. 카페에 들어갈 때 출입명부에 이름, 연락처를
적어야 했는데 주춤하는 불님이 안쓰러웠다. 법원 앞 카페의
뱅쇼는 대형 프랜차이즈의 화이트뱅쇼처럼 너무 달지
않고, 우리 동네 카페의 뱅쇼처럼 색이 탁하거나 뒷맛이
텁텁하지도 않아 맛있었다. 나는 "재판 보러 다닌 이후로는
길거리에 다니는 남자들이 비만이면 문형욱, 어깨가 좁으면
안승진으로 보인다"고 털어놨고 불님은 "방청하다가 화가
나서 저도 모르게 소리 지를까 봐 걱정"이라고 했다.

검찰 측에서 추가로 제출한 증거 조사가 비공개로
이뤄지는 동안 법정 밖 복도에서 기다렸다. 문형욱을 힘껏
노려보던 눈에 힘을 잠시 풀고 있는데 불님이 내게 물었다.

"뽀또님은 재판 방청하다가 화날 때 어떻게 하세요?"

"손에 찐득볼을 꼭 쥐어요. 오늘은 가져오지
않았지만요."

화나는 일이 생길 때마다 손에 쥐고 조물조물
하라며 언니한테 선물받은 말랑한 완구다. 다른 이름이
'스트레스볼'인 걸 보면 많이들 이런 용도로 쓰는 것 같다.

"검사가 되고 싶었어요. 근데 늦은 것 같아요."

불님이 또 말했다. 나도 공감한다. 방청하면서 내가
검사였으면, 그 생각을 몇 번이나 했을까.

"저는 정말 늦었지만, 불님은 가능하신데요."

그렇게 말하고 조금 웃었다. 재판이 끝나고 법원에서
안동터미널까지 함께 택시를 타고 이동했다. 터미널에서
불님이 허브차 선물세트를 사주셨다. 이 허브차는 팀원들과
오프라인 파티를 할 때 우려서 나눠 마시자고 했다.
대구로 가는 버스 출발 시간이 돼서 헤어질 때는 불님을 꼭
안아드리고 싶었다. 안아드려도 돼요? 그렇게 물어보기도
머쓱해서 그냥 예의 바르게 인사하고 헤어졌다.

문형욱 선고

2021년 4월 8일

가해자들의 판결서 사본을 신청할 때나 법원
형사접수계에 탄원서를 제출할 때 나는 항상 '이해관계 없는
제3자'에 체크하고, 피해자 연대자 ▓▓▓▓이라고 적었다.
직접 적었듯 나는 제3자일 뿐인데도 문형욱의 1심 선고를

기다리는 동안 몸이 달달 떨리고 두 손이 차가워졌다.

안동터미널에서 법원으로 시내버스를 타고 이동했다. 창밖으로 종합편성채널 MBN 차량이 옆 차로에서 법원을 향해 같이 달렸다. 법원에 도착하자 MBC, KBS, SBS, JTBC, YTN 기자들은 좋은 그림을 얻기 위해 "문형욱이 법원 현관으로 들어오냐, 검찰청과 연결된 지하 통로로 오느냐" 물으며 법원 직원을 닦달했다. 지금까지와 달리 선고일의 법원은 번잡하기 이를 데 없었다. 이쪽저쪽에서 마스크를 내리고 담배를 피우고, 법원과 검찰청 건물에 우르르 몰려다녔다. 어째서인지 만면에 웃음들이 가득했다.

오후 1시 50분. 재판부가 법정에 입장했다. 주심 판사의 얼굴색은 흙빛이었다. 문형욱 징역 34년. 선고를 듣고 홀로 터덜터덜 법원을 걸어 나왔다. 심란한 마음뿐이었지만 더 할 수 있는 일도 없었다. 이제 곧장 내 일을 하러 가야 했다. 택시를 불러 안동터미널로 가는 동안 연세 지긋한 할아버지 기사님이 조수석 창문 너머로 '텔레그램 성착취범 문형욱 1심선고 기자회견' 현수막을 들고 있는 활동가들을 보며 말했다.

"쟤(문형욱) 몇 살이에요?"

"스물다섯 살이요."

"몇 년 선고받았어요?"

"34년이요."

"사건 관계자세요?"

"관계자는 아니고 이 사건에 관심이 있어서 왔어요."

잠시 침묵이 흘렀다.

"우리 동네에 살던 ▨▨▨도 교도소 다녀와서 직장에서 얼마 못 버티고 다시 교도소 들어가더라고요."

잠시 후 다시 입을 뗀 기사님은 터미널까지 가는 10여 분 동안 주절주절 혼자 얘기하셨다. 어쩐지 나를 달래듯이 말씀해주어서 위로가 됐다.

재판 방청을 다니는 동안 오후에 들어야 하는 온라인 수업이 있었다. 방청하느라 앞부분 수업 40분은 날려 먹고 고속버스를 타자마자 수업에 접속했는데, 마이크가 자동으로 켜져서 버스 소음이 들어간 적이 있다. 강사님이 "▨▨▨ 괜찮아?"라고 물어봐줬다. 바로 괜찮다고 대답하고 마이크를 음소거했다. 수차례나 재판을 보러 갔지만, 방청이 끝나고 혼자 법원을 걸어 나오고 나면 기분이 가라앉을 때가 많았다. 괜찮지 않을 때 그저 누군가가 말을 걸고, 괜찮냐고 물어봐주는 게 늘 내 정신을 붙잡아주었다.

영화 「낙원의 밤」에서 주인공 태구가 숨이 깔딱깔딱할 때 치는 대사가 딱 내 마음이었다.

"난 말이야, 안 괜찮은지 뻔히 알면서 괜찮냐고 물어보는 사람이 고맙다. 그래도 물어봐주고."

안동의 소울푸드, 옛날추어탕

경북 안동시 강남14길 7-3
매일 11:00 ~ 19:30 일요일 휴무(브레이크 타임 3시쯤)
메뉴: 추어탕, 골부리국
가격: 8000원

오후 재판은 1시 50분에 시작된다. 재판 시간에 맞춰 가려면 오전 11시에 고속버스를 타고, 12시 반에 법원에 도착한다. 한창 코로나로 식당 가기가 무섭던 시기라 블루베리 베이글과 크림치즈를 포장해 법원 앞마당 벤치에 앉아서 입에 욱여넣었다. 그러다 이 꼴이 뭔가 싶어졌다. 가해자 놈들은 구치소에서 점심 배불리 먹고 올 텐데 나는 왜 길바닥에서 빵 쪼가리를 허겁지겁 먹는가? 방청 한두 번 할 것도 아닌데! 나부터 든든히 먹어야겠다고 생각했다.

바로 음식점을 검색했다. 밥이 먹고 싶었다. 그러나 안동시 식당은 찜닭, 백반 등 2인 이상만 주문 가능한 식당이 대부분이다. 그러다 혼밥 가능하다는 블로그 후기를 보고, 법원에서 횡단보도 하나 건너면 나오는 추어탕집에 갔다. 식당은 8월에도 뚝배기에 펄펄 끓는 추어탕을 먹는 손님들로 가득했다. 시민들만 아는 맛집이었나? 옳다구나! 4인 상에 혼자 앉아 추어탕을 주문했다. 메뉴는 추어탕과 골부리국(표준말로 다슬기국) 두 개뿐이다. 큰 스테인리스 쟁반에 뚝배기에 담은 추어탕, 공깃밥 하나, 밑반찬

다섯 가지가 나온다. 몇 술 뜨다 보면 경상도에서만 부쳐 먹는 배추전과 수제 식혜를 한 컵 갖다 주신다. 훌륭한 한상차림이다. 이후 5개월간 2주에 한 그릇씩 그 추어탕을 먹으러 갔다. 안동지원에 가는 모두에게 추천하고 싶다.

잠깐. 허기에 잠시 잊고 있었지만 이곳은 한국 정신문화의 수도 안동이다. K-유교문화와 가부장제의 정수. 두 테이블 건너에 8000원짜리 탕 하나 사 먹고는 직원에게 '커피 타 와라' 시키는 덜된 아저씨들도 있었다. 종업원분들은 싫은 내색 없이 커피를 뽑아 가져다준다. 동네 식당 커피 자판기다운 헤이즐넛 향 커피가 홀을 가로지른다. 그러자 아저씨들은 커피 맛이 이상하다고 타박을 한다. 추어탕은 정말 맛있었다.

뭘 잘했다고

2021년 4월 22일

안승진, 김■■영의 2심 선고 직전, 미성년자 장애인을 강간한 김■■■■의 2심 선고가 있었다. 김■■■■은 성범죄로 징역 8년을 살고, 출소 후 2~3개월 만에 재범을 저질러 또 피고인석에 섰다. 그는 불우한 가정환경, 수감 생활 중 공황장애를 이유로 재판부에 선처를 요구했다. 다행히 김■■■■의 항소는 기각됐다. 선고 직후 피고인은 법원 직원이 배부하는 서류를 짜증스레 낚아채고 발을 쿵쿵 구르며 대기실로 돌아갔다.

백래시

디지털 성범죄 양형 기준이 시행되고, n번방·박사방 가해자들의 재판이 진행 중임에도 불구하고 2021년 5월에는 아동·청소년 성착취물 소지자가 집행유예를 선고받았다. 온라인 혐오, 아동 성착취물 등 익명성 뒤에 숨은 폭력은 전 세계적인 이슈다. 독일에서는 2020년 네트워크집행법(Netzwerkdurchgesetz)과 형법을 강화해 온라인 혐오, 모욕, 협박 처벌을 강화했다. 독일 법무부 장관은 "말이 행동이 된다"라며 표현의 자유보다 민주주의, 인권 보호를 강조했다. 반면 한국은 2021년, 페미니즘에 대한 백래시가 저질스럽고 치졸한 방식으로 사회를 더욱 병들게 했다.

구독자 수며 조회수 같은 숫자 놀음을 위해 페미니스트의 개인 신상과 사진을 본인의 허락 없이 남초 카페에 유포해 단체로 인격 모독과 성희롱을 일삼으며 즐거워했다. 여성 인권, 여성 대상 범죄 기사에는 남초 카페 운영자와 똘마니들이 몰려들어 악성 댓글을 달았고 정치인들이 여성혐오에 편승했다. 여성을 기만하고 페미니즘을 오염시키려 야당 대표, 행정안전부, 언론, 기업, 혐오 콘텐츠 유튜버들이 짝짜꿍 놀이를 하는 것 같았다. 여성만을 겨냥한 그들만의 혐오 오락. 해외에서 인종차별 발언을 들으면 모욕감을 느낀다면서 국내에선 성차별, 여성혐오에 그 누구보다 열심이다. 남성들이 얼굴과 이름을 내놓고 온갖 혐오발언을 하면서 권력을 쥐는데 여성들은 바른 소리를 하기 위해 얼굴과 이름을 꽁꽁 숨겨야 하는 현실에서 그 권력의 차이를 느끼는 나날이다.

다큐멘터리 프로젝트 중단

2021년 5월 16일

활동가 개인의 선의에서 eNd팀이 만들어졌고, 2년간 50여 명의 팀원이 팀에 합류하고 번아웃으로 활동을 중단하기를 반복했다. 조주빈과 문형욱의 1심 선고 이후 이 범죄에 대한 세상의 관심은 훅 사라졌다.

우리는 우리 활동을 다큐멘터리로 남길 생각이었다. 내가 팀에 합류하기 전부터 준비되고 있었고, 이즈음에는 마무리 단계로 후반 작업과 영화제 출품, 홍보를 진행 중이었다. 5월 15일 밤 운영진 회의가 있었다. 운영진 한 분이 본인의 인터뷰 영상에 모자이크 처리를 확실히 해달라 하시는 말을 듣고 잠들었다. 내일 일어나서 촬영팀에 그 요청을 전달할 생각이었다.

아침에 일어났을 때는 이미 깨어 있던 운영진 사이에 메시지가 한참을 오간 상태였고, 오전에 각자의 입장문이 올라왔다. 다큐멘터리 제작이 중단됐다. 팀원의 신상 노출에 대한 우려와 다큐멘터리의 본래 취지를 두고 갈등이 일어난 것이다. 범죄자 강력 처벌을 위해 연대 활동을 하고 있을 뿐인데 모자이크와 음성 변조와 그 이상의 대비까지 생각해야 하는, 이토록 우리를 위축시키는 현실에 화가 났다. 법과 행정과 세상에 분노했다. 활동하는 동안 '너희가 나대봤자 소용없다. 그냥 입 닫고 있어라'라는 압박을 느꼈다.

다큐멘터리는 취소됐다. 며칠간은 멍했다. 열흘쯤 지나서 개인적으로 참석하는 모임에 가서 "속상한 일이 있었고 이 일에 회의를 느낀다, 백래시 너무 심하다"라며 눈물과 콧물을 쏟으며 펑펑 울었다.

노력한 만큼 결과가 항상 좋을 순 없다. 이것을 인정하고 받아들여야 하지만 다큐멘터리 프로젝트는 너무 아까웠다. 다큐멘터리 제작에는 인원도 시간도 체력도 다른 프로젝트에 비해 많이 필요했지만, 예산은 상대적으로 적게 지출했다. 촬영 장비 대여료, 소극장 대관료, 소품비, 자막 폰트와 배경음악 저작권 등 실비만 지출했기 때문이다. 헝그리 정신을 높이 사는 이라면 이 과정에 크게 감화받았을 거다. 촬영팀 소품 담당자는 동묘에서 연극용 의상을 구매하고 팀원의 얼굴을 가리기 위해 가면도 직접 만들었다.

출연자들이야 촬영 당일만 바짝 발연기와 인터뷰를 하면 됐지만 촬영팀에게는 후반 작업이 남아 있었다. 촬영팀의 정신적, 육체적 피로도는 상당했을 것이다. 팀원들이 갈려 나가지 않은 프로젝트가 없지만 촬영팀은 그 정도가 심했다. 특히 막바지엔 쥐어 짜내듯 고강도로 진행되었다. 때문에 결과적으로 예산 몇 푼은 아꼈겠지만 프로젝트는 망가졌고, 팀원들 사이의 의는 상했다.

50명 이상의 팀원이 1년 넘게 동고동락하면서 갈등이 없을 리 없다. 사람이 여럿 모였는데 평화롭기만 하다면 그곳은 사이비 단체일 것이다. 연대 활동을 하게 되면 맑은 정신일 때(9~18시 추천!) 소통하기를, 예상치 못한 내부 갈등이 발생했을 때 당황하지 말고 미리 만들어둔 활동 지침서를 확인하고 지침대로 차근차근 해결해가기를.

안 들려요

2021년 6월 3일

문형욱의 항소심 첫 재판이었다. 비가 내렸다. 법정 방청석은 만원이었다. 방청석 뒤에 서 있는 분들도 계셨다. 10시 30분. "2021노000 문형욱." 부장판사가 문형욱을 불렀다. 그런데 수갑 푸는 소리가 들리지 않았다. 법정은 고요했다.

문형욱은 재판 당일 오전 10시에 불출석 사유서를 제출하고 출석하지 않았다. 피고인의 재판 결석은 재판 방청을 시작하고 처음이었다. 판사는 문형욱이 허리, 발바닥 통증 때문에 거동이 불편해서 출석하지 못한다고 했다. 재판은 6월 24일로 연기됐다.

대구고등법원 법정동 11호 법정은 판사, 검사 목소리가 잘 안 들렸다. 다급한 마음에 경위에게 법정 스피커 볼륨을 높여줄 수 있는지 소곤소곤 물어봤다. 경위는 "11호 법정이 대법정이라서 판사님 목소리가 잘 들리지 않는 거다. 볼륨을 더 높일 수는 없다"라고 답했다. 무슨 소리냐? 문형욱의 공범 박▓준의 항소심 재판이 열린 별관 5호 법정도 11호 법정처럼 대법정인데 판사 목소리는 또렷이 들렸다.

대구고등법원 홈페이지 '법원에 바란다' 게시판에 11호 법정의 스피커 볼륨을 높여달라는 글을 남겼다. 다음 재판 날 스피커 볼륨은 커졌지만, 마스터 볼륨만 높여놔서 판사, 검사, 변호인의 목소리가 몽땅 옛날 학교 운동장에서 듣던 교장 선생님 훈화 말씀처럼 들렸다. 참 쉬운 게 없다.

사장님도 탄원서 쓰시나요?

2021년 6월 15일

회사 근처 인쇄소에서 배준환(영강), 전▓준(와치맨),

문형욱(갓갓)의 2차 엄벌 탄원서를 인쇄했다. 전█준의
탄원서는 733장으로, 매수가 너무 많아서 스풀링 에러가
발생해 400장, 333장 나눠서 인쇄했다. 인쇄소 사장님이
탄원서 내용을 흘끗 보더니 "못된 놈들 많죠?"라며 말을
붙이셨다.

　밖엔 비가 추적추적 내렸다. 복사지 상자 뚜껑 2개에
탄원서를 반씩 나눠 담고 노끈으로 묶고 있었다. 사장님이
걱정스러운 말투로 또 말을 붙이셨다. "비 오는데 안고 가요.
비닐봉투에 담아줄게요." 복사지 상자 뚜껑에 담은 탄원서를
큰 비닐봉지에 넣고, 비닐봉지 입구가 벌어지지 않게
테이프도 붙여주셨다. 예상치 못한 배려였다.

　"다음엔 고무밴드 준비해줄게요. 노끈 가져오지 마요."
　어떻게 또 올 줄 아셨을까? '화난사람들' 홈페이지에서
엄벌 탄원서를 받는 중인 가해자가 몇 명 남아 있긴 했다.
사장님도 '화난사람들'에 탄원서 쓰시나요?

　6월 17일 아침, 엄마는 전█준 엄벌 탄원서 733매를
넣은 내 가방을 궁금해했다. "가방에 서류가 많던데
회사 서류야? 집에서 일하지도 않으면서 왜 갖고 왔어?
들어보니까 무겁던데. 딴짓하고 다니는 거 아니지? 또
길고양이야?"라며 속사포 잔소리를 했다. 회사 서류라고
둘러대고 출근했다.

문형욱이 누구야?

2021년 6월 24일. 문형욱 2심 결심이었다.

재판은 매번 정시에 시작하지를 못한다. 이날은 연대자가 많이 오셔서 법정에 못 들어갈 뻔했다. 선고일에는 잽싸게 줄 서야지 다짐했다. 다른 사건 변호사들은 법정동 1층에 줄 선 연대자들을 보더니 "문형욱이 누구야?"라고 했다. 그래…… 1년이 지났으니 잊을 만하지.

법정 앞 벤치에 앉아서 입장을 기다리고 있는데, 작은 체구에 검은 정장을 입고 단화를 신은 사람이 옆자리에 앉았다. 방청하러 온 연대자인 줄 알았는데 피해자 변호사였다. 입장할 때 바로 앞에 서 계셨는데, 법원 경위가 법정에 자리가 다 찼다며 입장을 제지하자 피해자 변호사임을 밝히고 신뢰관계인석에 착석했다. 나도 뒤따라 입장했다.

문형욱 변호인의 최후 변론, 문형욱의 한 문장 최후 변론 이후 부장판사가 선고기일을 정하려는데, 피해자 변호사가 나지막한 목소리로 "재판장님" 하고 불렀다. 증인석에 서서 의견서와 피해자 가족의 편지를 또박또박 전달력 있게 낭독하셨는데 정말로 명문이었다. 혼자 기립박수를 칠 뻔했다.

지금은 그냥 칠걸 그랬다고 후회하고 있다.

번역행정사님 손목 안녕하신가요?

2021년 5월 14일부터 6월 15일까지 'Change.org' 사이트에서 영문 탄원서의 서명을 받았다. 총 1517분이 서명해주었다. n번방, 박사방 가해자들의 2심, 3심 재판부에 등기로 제출하기 위해 영문 탄원서 번역 인증서를 아홉 부 준비해야 했다. 남은 팀원도 얼마 없고, 코로나 4차 대유행으로 수도권 팀원들의 활동에 제약이 따랐다. 번역행정사무실을 찾고, 번역 인증 작업을 의뢰하고, 해외홍보팀과 번역행정사의 의견을 조율하고, 재판부에 발송하는 일을 맡았다.

영문 탄원서 번역 인증서는 198매다. A4용지 두께만 2cm다. 번역 인증서 원본 1800장을 한 장씩 접어 올려 간인을 찍고 계실 번역행정사님을 생각하면 걱정스러웠다. 도장 찍다가 손목 나가는 거 아냐? 나도 사무실에 가서 도장 찍는 걸 도와야 하지 않을까? 결국 걱정을 놓지 못하고, 번역 인증서를 받으러 사무실에 방문할 때 저렴한 손마사지기를 선물해드렸다.

영문 탄원서 프로젝트는 번역, 번역 확인서 발급, 탄원서 발송비 등으로 예상보다 비용이 많이 들었다. 고비용 저효율 그 자체. 국제기구나 단체에 제출할 때는 영문 탄원서가 저비용 고효율이겠지만, 한국 법원에 제출할 탄원서는 한글로 받는 게 좋다.

문형욱 항소 기각

2021년 8월 19일

　　광복절 연휴 문형욱 선고일이 임박해서 지난 4월
안동지원의 대혼란이 떠올랐다. 대구고등법원 홈페이지
'법원에 바란다' 게시판에 "선고일에 방청석 번호표를
배부해달라"고 건의했다. 재판부는 방청석 번호표를
배부하는 대신 문형욱의 선고를 오전 재판의 가장
마지막으로 순서를 바꿨다.

　　선고 당일 대구고등법원 법정동 1층은 방청하러 온
연대자와 기자들로 북적였다. 촬영 기자는 법정 앞에 카메라
삼각대를 설치하고 붙박이처럼 서 있었다. 경위 두 명은
방문객들에게 몇 시 재판에 참석하러 왔냐고 묻고, "문형욱
씨 선고는 제일 마지막에 한다. 다 입장할 수 있으니 앉아서
기다려달라"며 로비를 정리했다.

　　문형욱은 증인석에 혼자 앉아 있었다. 선고일에는
변호인이 오지 않는다. 문형욱 혼자 감당할 몫이다. 검사와
문형욱의 항소는 모두 기각됐고 징역 34년을 유지했다.

문형욱(갓갓)	
검찰 구형	무기징역, 신상 정보 공개 고지 명령, 수강 이수 명령, 아동·청소년 관련 기관 및 장애인 복지시설 취업 제한 10년, 위치추적 전자장치 부착 명령 30년, 보호관찰 명령
1심 선고	징역 34년, 신상 정보 공개 및 고지 10년, 아동·청소년 관련 기관 및 장애인 복지시설 취업 제한 10년, 위치추적 전자장치 부착 30년(별지 기재 준수사항 포함), 성폭력 치료 프로그램 이수 160시간, 추징금 90만 원
2심 선고	항소 기각
3심 선고	상고 기각, 징역 34년 확정

후원금 통장 잔액보다 힘이 된 말들

회계, 계약 업무를 담당하던 웰빙님 본업이 바빠져서 회계 마무리 업무를 인계받았다. 탄원서 인쇄비를 송금하려고 은행 앱에 로그인했는데 후원자분들이 입금자명 대신 입력한 메시지가 보였다. 후원자분들이 보내주신 응원 메시지를 읽고 난 뒤 eNd팀의 마지막 프로젝트인 '책 출판'을 해내기로 다짐했다. eNd팀이 한창 활동으로 지쳐가던 때 팀원들과 이 메시지를 공유하고 서로를 다독여줬다면 참 좋았겠다는 생각을 했다.

화이팅

감사합니다

힘내세요

수고가 많으십니다

THX

마카롱사먹어요

응원합니다

피해자들에게 위로가 되

하트

항상 감사합니다

연대합니다

엔드후원합니다

소액입니다ㅠ

소액이지만 힘

FIGHT!

피해자는 일상으로

힘내주세요

eNd 화이팅

감사해요

작지만힘이되길, 캔커피 대신

소액이라 죄송합니다

연대와 감사를

작지만 연대합니다

소액이지만 응원합니다

연대합니다. 감사합니다

함께 싸워요

힘 내주세요

고맙습니다

화이팅

항상 응원합니다

정말 감사합니다

재판 방청 총평

매우 불쾌한 법학 개론 수업을 들은 것 같다. 지금도
가해자들은 감형받으려고 양형 자료로 사용할 헌혈증,
봉사확인서, 여성단체 기부, 생활기록부, 성교육 이수증
및 소감문, 가정 상황, 사과문, 가족과 지인의 선처 탄원서,
표창장, 자격증, 심리상담사 소견서 등을 만든다.

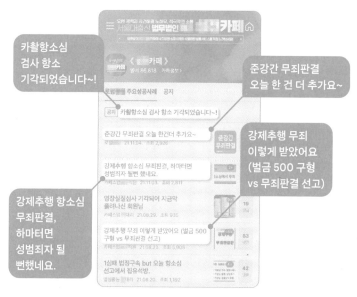

카촬항소심
검사 항소
기각되었습니다~!

준강간 무죄판결
오늘 한 건 더 추가요~

강제추행 무죄
이렇게 받았어요
(벌금 500 구형
vs 무죄판결 선고)

강제추행 항소심
무죄판결,
하마터면
성범죄자 될
뻔했네요.

성범죄 전문 로펌에서 직접 운영하는 카페로
현재 8만 명 이상 회원이 있는 이곳에서는
디지털성폭력 범죄자들이 모여 정보를
공유하고 기소유예를 축하하고 감형 노하우를
조언하는 등 활발한 활동을 하고 있다.

뭐라도 해야겠기에

2020년 초, '텔레그램 성착취 n번방 사건'이 수면 위로
떠올랐다. 청와대 청원도 빠르게 10만 명, 20만 명을
돌파했다. 사건은 충격적이었다. 내가 사는 세상에서 일어난
사건이라고 믿고 싶지 않았다. 수많은 여성혐오 사건을
보고 겪으며 어쩌면 익숙해졌다고 생각했는데 익숙해지지
않았다.

사건에 대해 수많은 기사가 쏟아지던 3월, 국민일보
기사로 다시금 사건을 자세히 접했다. 퇴근 후 기사를 읽으며
한참을 울었다. 아무것도 할 수가 없었다. 손이 덜덜 떨렸다.
그건 분노도, 슬픔도 아니었다. 단어로 표현할 수 있는
감정이 아니었다. 숨이 턱 막힐 정도로 온갖 감정이 뒤섞여
깊은 절망과 무력감을 느꼈다. 나와 같은 세상을 살아가는
누군가는 그렇게 끔찍한 범죄를 저지르고, 다른 누군가는 그
범죄의 피해자가 되었다는 사실이 도저히 믿기지 않았다.
세상이 혐오스러웠다. 온통 지옥 같았다. 나는 아직도 그
기사를 다시 읽지 못한다.

휴대전화를 끄면, 이 모든 게 꿈 같다는 생각이 들었다.
아니면 꿈이길 바란 건지도 모르겠다. 지옥에 갇힌
아이들은 지금 어디에 있는 걸까. 우리는 더 늦기 전에
그 아이들을 찾아낼 수 있을까.[4]

무력감에 빠져만 있을 수는 없었다. 이대로 사라진 여성들을
포기할 수는 없다. 어떤 절박함을 느꼈던 것 같다.

　　3월 22일, 이미 가입해 있었던 '텔레그램 강력처벌
촉구시위' 카페에서 스태프를 모집한다는 글을 보게 되었다.
이런 여성단체나 팀에서 활동해본 적이 없어서 고민이 많이
됐다. 그럼에도 이번에는 정말 뭐라도 해야겠다는 생각이
들었다. 여성들을 구하고 싶었다. 모집하는 팀이 꽤 많아서
어느 팀에 가야 도움이 될 수 있을까 고민하던 중 '언론팀'에
지원했다. 혹시 뽑아주지 않을까 봐 내가 사건에 대해
써놓았던 글도 지원서에 첨부했다. 그만큼 간절했다.

경찰청은 처음이라

팀원이 되고 나서 얼마 지나지 않아 긴급으로 열리는 경찰청
기자회견을 위한 성명문을 작성하게 되었다. 팀원들과
디스코드[+]를 켜두고 밤을 꼴딱 새워서 성명문을 썼다.
초저녁부터 시작해 다음 날 아침에야 완성할 수 있었다.

+ 　여러 명이 동시에 통화를 하면서 화면
　 공유 및 채팅을 할 수 있는 메신저 앱

새벽에 너무 졸려서 편의점에서 1리터짜리 커피를 사 왔다. 팀원들은 돌아가며 졸기도 했다. 누군가가 조용해져서 닉네임을 불러보면 침묵이 돌아왔고, 깨어 있는 팀원들끼리 "우리끼리 일단 작성해봐요" 했다. 얼마 뒤 잠들었던 팀원이 화들짝 놀라며 일어나는 소리에 크게 웃기도 했다. 피곤했으나 열의로 가득 찬 사람들과 함께라서 즐거웠던 기억이다.

그리고 그날 결국 출근을 하지 못했다. 정확히 말하면 회사가 아니라 경찰청으로 출근했다. 기자회견을 하러 말이다. 수줍게 성명문만 전하고 화면 너머에서 지켜볼 생각이었는데 정말 어쩌다 보니 기자회견까지 참석하게 되었다. 모자와 선글라스를 가방에 챙겨 경찰청 앞에 갔던 그날, eNd 팀원들을 실제로 처음 봤다. 평범하고 대범한 여성들과의 첫 만남이다. 나의 2020년을, 아니 내 평생을 바꾼 날이다. 그날 경찰청 앞에서 기자들을 앞에 두고 성명문을 읽는 총대진 옆에 서서 떨리는 마음을 감춘 채 팻말을 들고 허리를 꼿꼿하게 폈다. 기자들이 코앞에 다가와 팻말을 촬영했다.

사실 법원도 처음이라

나의 첫 재판 방청은 전▓▓준(와치맨)의 첫
공판준비기일이었다. 법원 안에 들어가는 것도 재판 방청도
처음이었다. 인생 첫 방청이 디지털 성착취 가해자라니,
씁쓸한 마음이 들었다. 퇴근하고 바로 지하철을 타
수원지법이 있는 상현역까지 갔다. 법원 안에서 어디로 가야
하는지 몰라 두리번거리다 사람들에게 물어서 법정까지
도착할 수 있었다. 준비한 펜과 수첩을 들고 팀원들과
인사하며 어색하게 법정 앞 복도에서 기다리던 기억이 난다.
낯선 법정 안으로 들어가서도 흘깃흘깃 주변을 살폈다.
저분들도 방청연대를 하러 오신 걸까. 기자들도 보이네.
생각보다 방청인이 많다.

　　　자연스럽게 필기도구를 꺼내는 방청인들과 함께
나도 미리 수첩 상단에 사건 번호와 피고인의 이름을 적고
있으니 판사와 검사가 법정에 들어왔다. 이어 와치맨과 그의
변호인이 들어오고, 모두 자리에서 일어나라는 판사의 말과
함께 재판이 시작되었다. 와치맨은 길거리에서 흔히 볼 수
있을 것 같은 흔하디흔한 남자였다. 저런 모습의 인간이 그런
끔찍한 사건의 가해자라니 솔직히 믿기지 않는다는 마음이
컸다. 언론에서는 가해자들을 악마로 묘사하기도 했지만
그들은 정말 평범한 사람으로 보였다. 일상 속에서 우리는
가해자를 구분할 수 없으며 그저 수많은 가해자와 함께
살아가고 있다는 실감이 크게 와닿았다.

재판은 빠르게 진행되었다. 모르는 단어도 많고 검사의 말은 제대로 들리지도 않아서 고개 한 번 들 틈도 없이 정신없이 마구 받아 적었다. 그렇게 바삐 적다 보니 재판이 끝나가고 있었다. 어안이 벙벙했다. 뭐? 벌써? 이렇게 끝이라고? 다음 기일에 대한 판사의 말을 다시 받아 적고 사람들을 따라 퇴정했다. 고작 이십 분도 안 되어 재판이 끝났다. 우리는 법정을 나와 필기 내용을 공유하러 근처 카페로 갔다. 그렇게 어떻게 흘러가는 건지도 모르게 첫 재판 방청이 끝났다.

엄마 나 팀장 됐어.
승진은 아니고 그냥 팀장이 됐다고

스태프에서 운영진이 된 계기는 사실 그리 대단하지 않다. 활동 초반 언론팀은 국내팀과 해외팀으로 나뉘어 있고 팀원이 꽤 많았다. 때문에 기존의 팀장 한 명만으로는 팀 관리가 어려워 국내팀, 해외팀 팀장을 더 뽑기로 했고 공고를 보자마자 솔깃했다. 내가 가진 분노를 원동력으로 더 크게 목소리를 내고 싶었다. 외국어를 못 하니까 해외팀은 패스, 국내팀으로 가자! 그렇게 국내 언론팀 팀장이 되었다. 첫 운영진 회의 날 디스코드로 모여 취임(?) 축하를 받았다. 기존 운영진들의 환대 덕분에 큰 용기와 자신감을 다시 새길 수 있었다.

　　일이 정말 많았다. 일주일에 두 번 밤 9시에 운영진 회의를 했는데 안건이 많으면 밤 11시 넘어서까지 이어졌다. 특히 한창 언론의 관심이 뜨겁던 활동 초반에는 하루에도 두세 건의 취재 요청이 오기도 했는데 생각보다 품이 많이 들었다. 공식 메일 담당자인 내 선에서 잘라낼 수 있는 것을 제외하고 취재에 응할 것인지, 인터뷰 답변은 누가 작성할 것인지를 회의로 정했다. 인터뷰 답변을 작성하는 것도 간단한 일이 아니었다. 말실수나 오류가 없도록 거듭 고민해 작성하고 꼼꼼하게 검수했다. 그 외에도 각종 프로젝트, 재판 방청, SNS에 올라가는 여러 게시글의 내용 작성, 성명문 작성, 디자인팀 작업물 확인, 언론팀 내부 회의 등을 동시다발적으로 맡아야 했다. 나뿐만이 아니라 거의 모든 운영진이 그랬다. 한 사람이 여러 책임을 가지고 여러 프로젝트를 진행하는 일이 많았다. 모두 그렇게 '갈려 나가는' 게 당연했던 무급 활동가 단체였다.

　　언젠가 다시 활동가 단체에서 책임 있는 역할을 맡게 된다면, 의욕이 아무리 넘쳐도 쉬어가는 시기를 꼭 만들어야겠다고 다짐한다. 사실 이는 많은 여성단체의 고질적인 문제다. 인력이 부족하고 돈이 부족한 구조상 어쩔 수가 없다. 하지만 어쩔 수 없다는 말로 언제까지고 활동가들을 마모시켜가며 일을 진행할 수는 없다. 대의에 상관없이 완급 조절은 필수다. 그래야만 오래 버틸 수 있다.

안녕하세요 eNd팀입니다

우리는 안전을 위해 익명으로 활동하는 팀이다. 외부와의 소통도 온라인으로 진행하며, 공식 연락망은 이메일로 통일했다. 대표 이메일 담당은 내가 맡았다. 정해진 업무 시간 없이 수시로, 지속적으로 연락을 주고받는 일은 소모가 적지 않다. 연락이 많이 올 때는 틈이 날 때마다 이메일만 확인해야 했다.

활동가 모두에게 각자의 일상이 있다. 각자 직장이나 학업으로 바쁠 때는 기자들의 속도를 따라가기 어려웠다. 담당으로서 경험이 쌓일수록 굳이 여러 차례 보고나 확인을 거치지 않고 대응할 수 있는 범위가 늘기는 했지만 언론사 인터뷰 요청은 생각 이상으로 촉박하게 들어온다. 그 와중에 가벼운 강박마저 있는 나는 검수와 자책을 반복해야 했다.

대부분의 인터뷰를 서면으로 하되 아주 간혹 대면 인터뷰를 했다. 대면 인터뷰 매뉴얼은 꽤나 세세한 편이다. 그중 제일 우선시되는 사항이 "여성 기자만 허용(스태프까지 모두 여성이어야 함)"이었다. 이는 무엇보다 우리 팀의 신변 보호, 안전을 위해 정한 규칙이었다. 그런데 어느 날 대면 인터뷰 후 기자님께 이런 얘기를 들었다.

"사실 언론계는 많이 보수적이라서 좋은 취잿거리, 중요한 사건은 남기자 우선으로, 남기자에게만 기회가 가는 게 많은데 이렇게 eNd팀 같은 일부 단체가 여성에게만 기회를 줘서 너무 좋았어요."

그 말을 듣고 우리를 위해 만든 이 매뉴얼이 여성 차별의 전복이 될 수도 있었구나, 다른 여성들에게도 도움이 되었구나 싶었다. 물론 이 지침 때문에 기자님이 열의를 보여주셨음에도 취재에 응하지 못한 일들도 있었다. 가장 빈번했던 건 팀에 여성 촬영 기자가 없어서 남성 촬영 기자를 동행하면 안 되냐는 경우였다. 안타까우면서도 황당했다. 여성 촬영 기자가 이렇게까지, 단 한 명도 없다고? 가장 공정해야 할 언론사 성비가 이렇게 차별적이어도 되나요? 안타까웠지만 우리는 더더욱 단호해질 수밖에 없었다. 여성 기자는 더 많이 필요하다.

당신들이 여기에, 나와 함께 있었지

팀 인터뷰 기사나 팀과 관련된 기사가 올라오면 종종 찾아보곤 했다. '여성가족부의 스파이' '여가부에서 돈 받는 년들' 같은 댓글이 꾸준히 많았다. '저기요저희무급활동가고그냥열정으로하는거고아무도여가부에연줄없거든요돈주고욕하세요'라고 달고 싶었지만 참았다. 겨우 이런 댓글에 타격을 받는 건 아니었지만 억울하긴 했다. 왜 여성단체들이 정부 지원받는 줄 알지? 대한민국 그렇게 성평등 국가 아닙니다.

여성가족부 지원 사업은 2021년 기준 전체 국가 사업 예산 중 약 0.2퍼센트를 받았고 그중 59.8퍼센트가 가족 돌봄 사업, 19.6퍼센트가 청소년 돌봄 사업이다. 성평등 사업 예산은 7.9퍼센트에 불과하다. 비슷한 시비를 거는 메일도 꽤 왔다. 딴에는 상식인인 척하지만 논리도 사실관계도 갖다 버린 훈수를 구구절절 보내는 것이다. '우리한테 메일 보내는 데 5만 원, 읽어드리는 데 50만 원입니다' 하고 싶었다. 반드시 답변을 달라는 이들도 있었다. 답장은 모바일 화면 기준으로 줄당 50만 원 정도면 너그럽지 않을까? 여성단체와 대화하기 타이어보다 싸다!

물론 응원하는 댓글도 많았다. 오프라인에서 기자회견, 퍼포먼스를 할 때마다 시간 내서 우리를 보러 오는 사람들도 꽤 있었다. 항상 고맙다며 지지한다고 말하는 따뜻한 여성들의 목소리를 들으면 마음속 가득했던 분노와 무력감이 쓸려나갔다. 우리 활동을 계기로 디지털 성착취 문제에 관심을 가지기 시작했다는 이들의 말을 들으면서 큰 힘을 얻었다. 지칠 때마다 우리의 활동을 주의 깊게 보고, 주변에 공유하고, SNS에 응원 댓글을 달아주는 사람들의 존재를 살피면서 다시 힘을 낼 수 있었다. 맞아. 나는 나를 위해 그리고 당신들을 위해 싸우고 있었지. 내가 여기에 있었지. 당신들이 여기에, 나와 함께 있었지.

『한겨레21』과 진행했던 잡지 프로젝트[5]에 담긴 피해자의 편지를 읽고 엉엉 울었던 적도 있었다. 그는 우리에게 감사하다고 했지만, 우리가 더 감사하다는 걸 알고 있을까. 사실은 내가 아니라 당신 스스로가 당신을 구했다는

사실을 꼭 알았으면 좋겠다. 내가 당신들을 몰랐던 때에 먼저
용기를 내준 당신들이 없었더라면 당신도, 나도 이 사회에서
지금처럼 살아낼 수 없었을 거라고 말씀드리고 싶다.
내가 가진 이 힘과 용기는 모두 당신들이 주었다고. 나와
함께 여기에 존재하며, 기어이 세상을 살아내는 당신들이
아니었다면 나는 몇 번이고 무너졌을 거라고.

가자, 기자회견!

내가 처음으로 중심이 되어 진행한 기자회견은 손정우의
미국 송환 불허 결정이 나 대한민국이 뜨겁게 달궈졌던
무더운 7월 7일이었다. 다크웹 '웰컴투비디오'의 운영자였던
손정우의 미국 송환이 불허되었다는 기사를 보고 우리
팀 모두 경악했다. 그날 즉시 회의를 진행하고 조금
무리일지라도 바로 다음 날 긴급 기자회견을 하자고 의견을
냈다. 화가 치솟은 나머지 회의를 하기도 전 나는 이미
성명문을 써놓은 상태였다. 처음부터 성명문으로 쓴 글은
아니었고, 그냥 너무 화가 나서 참을 수 없는 마음에 두
시간을 내리 핸드폰 메모장에 글을 썼었다. 성명문은 이미
있고, 내일 내가 반차를 내고 진행하겠다고 했다. 바로
기자들에게 연락을 돌리겠다고 강력하게 말하자 운영진들도
동의하며 참석할 수 있는 인원끼리라도 가보자는 쪽으로

의견이 모였다. 기자회견 이후 뭔가 할 만한 것이 있을까 고민하다 한 운영진이 릴레이 포스트잇 퍼포먼스 의견을 냈다. 회의가 끝나자마자 언론팀은 기자들에게 돌릴 메일 내용을 작성하고, 리스트를 취합하고, 디자인팀은 성명문 프린트물과 SNS에 올릴 홍보물을 제작하고, 촬영팀은 촬영을 준비하고, 그 외 다른 운영진과 팀원들은 기자회견에 필요한 물품들을 정리하는 등 서로를 도와 준비를 서둘렀다. 나는 77명의 기자에게 메일을 보내고 회신을 준 분들께 다시 답장을 보내며 밤을 꼴딱 새웠다. 당일 오전 여유가 있는 팀원들끼리 먼저 모여 물품을 정리하고 포스트잇 퍼포먼스를 준비했다.

기자회견은 서울중앙지법 동문에서 진행했는데 이미 손정우 사건에 분노한 시민들이 각자 1인 시위를 하고 있었다. 회견 시간이 가까워지면서 하나둘 모이는 기자들과 우리 팀 SNS를 보고 정말 급하게 시간을 내서 와준 여성들을 보니 심장이 울렁거렸다. 그날 기자회견에는 정말 많은 사람이 왔다. TV 뉴스 언론사까지 와서 카메라와 음향을 세팅하는 것을 보며 어안이 벙벙했다. 시작 직전 마스크를 코끝까지 올리고 선글라스와 모자를 고쳐 쓰며 심호흡을 했다. 웰빙님이 성명문 낭독을 먼저 시작하고, 후반부를 내가 이어서 낭독했다. 나는 어디 가서 목청으로 진 적이 없다. 목구멍이 간질거릴 정도로 우렁차게 또박또박 말하려고 노력했다. 내가 쓴 글을 그 많은 사람 앞에서 낭독하며 표현할 길 없는 여러 감정이 들었다. 이 팀에서 함께하지

않았다면 내가 이런 자리에서 목소리를 낼 일이 살면서
있기는 했을까. 그리고 며칠 뒤 7월 10일 2차 기자회견을 한
번 더 진행하기로 했다. 한 번으로 끝날 일이 아니라는 데 전
운영진의 의견이 모였던 것이다. 2차 회견에서는 총대였던
박멸님이 작성한 글을 웰빙님과 내가 함께 읽었다.

　　　우리 팀의 세 번째 기자회견은 조주빈과 그 일당들의
선고 당일이었다. 결심 때 구형된 형량을 보고 우리는 속된
말로 '빡이 쳤다'. 고작 징역 40년, 심지어 일당들의 형량은
그 절반에도 안 미치는 구형이었다. 결심 이후 선고까지
여유가 조금 있었기에 우리는 또다시 기자회견을 준비했다.
성명문 작성과 낭독은 내가 맡았다.

시위 안 하는 시위팀,
드디어 시위합니다

우리 팀은 정말 시위만 빼고 다 했다. 시위 없는
시위팀이었다. 시위를 하려고만 하면 코로나가 자꾸
심해져서 연기, 또 연기, 무한 연기가 반복됐기 때문이다.
팀 정기 회의 때마다 인사말이 "우리 시위 언제 해?"일
정도로 시위를 하고 싶은데 못 하는 상황이 이어졌다.
운영진 내부에서도 의견이 분분했다. 더 이상 미룰 수
없으니 그냥 하자는 의견도 있었고, 그래도 좀 잠잠해질

때까지 기다려보자는 의견도 있었다. 시국과 상관없이 어떤 시위들은 계속 열리는 것을 보며 억울해하기도 했다. 왜 우리만 못 해?

하지만 쉽사리 결정을 내릴 수가 없었다. 만약의 경우에라도 참여자들이 위험해질까 걱정됐다. 우리 시위의 주 참여자는 10대와 20대 여성들이다. 익명 시위로 진행한다 한들 방역 수칙에 따라 명단을 받아야 했고, 혹시나 시위대 안에서 확진자라도 발생한다면 확진자 이동 동선에 시위 이름이 뜰 텐데 그렇게 되면⋯⋯. 그런 우려를 떨칠 수가 없었다. 이 사회에서 페미니스트로서 목소리를 내는 여성이 얼마나 마녀사냥을 당했는지 모두 알기 때문이다. 그래서 미루고 또 미루길 반복하다 더는 미룰 수 없다는 의견이 거의 만장일치가 되었을 때 조심스럽게 시위를 기획했다. 첫째도 참여자들의 안전, 둘째도 참여자들의 안전을 우선으로 말이다.

우리는 코로나 시국에 걸맞은 시위를 준비했다. 소규모 비공개 시위로 진행하기로 결정하고 우리가 관리할 수 있는 인원의 참여자를 미리 신청받아 엄격한 방역 수칙을 준수했다. 시위 당일 참여자들의 체온을 체크하고 의심 증상이 없는지 유의하며, 시위가 끝난 후에도 2주 동안 증상이 없는지 확인할 것을 개개인 참여자들에게 동의받았다. 시위 장소는 지역만 알린 후 정확한 장소는 시위 며칠 전 참여자들에게만 고지했다. 누군가는 유별나다고 여겼을 것이고 누군가는 좀 대규모로, 공개적으로 우리의 목소리를 확실히 알려야 하는 것 아니냐고 했다. 정말 그러고 싶었다. 몇백, 몇천 명의 여성과 서울 한복판이 떠나가라 소리치고 싶었다. 하지만 함께 목소리를 내는 여성들을 책임지고 지키는 일을 우선하기로 했다.

나는 시위에서 언론사 연락과 성명문 작성을 주로 맡았다. 이미 시위팀 이름으로 성명문을 여러 번 냈기 때문에 슬슬 할 말이 없었다. 한 말을 하고 또 해도 상황에 진전이 없으니 새로운 말이 나오지 않는 것이다. 성명문마다 전원 강력 처벌, 전원 신상 공개, 관련 법 제정 등등을 촉구했다. 시간이 지날수록 정부, 국회, 경·검찰이 듣는 척도 안 하고 외면하는 꼴을 보며 분노가 치밀었다. 성명문을 백 번을 내면 들어줄까? 한국에서 디지털 성착취 완전 근절한다며! 이 답답함에서 출발해 그렇게 안 써지던 성명문을 하루 만에 완성했다.

대망의 시위 날, 팀원 모두가 정말 한 명도 빠짐없이 시위에 전념해 준비하던 시간이 주마등처럼 스쳐 지나가서 눈물이 났다. 메일 연락을 돌린 약 80명의 기자 중 딱 두 분이 취재를 오셨다. 이제까지의 오프라인 기자회견과는 확연히 차이가 나는 수였다. 팀원들과 참여자들에게 죄송할 정도였다. 어쨌든 이렇게 어렵게 모였으니 제대로 해야 했다. 50여 명의 여성 앞에서 성명문을 읽었다. 가해자들과 한국 사회에 대한 분노를 발판 삼아, 여성들을 향한 애정을 원동력 삼아 한 글자 한 글자에 온 힘을 다해서 읽었다. 중간중간 목소리가 떨렸다. 끝까지 다 읽었을 때 여성들의 힘찬 박수

소리와 환호를 들을 수 있었다. 내가 이렇게 악에 받쳐 활동을 해나가는 이유를 다시 새길 수 있었다. 지금 내 앞에 있는 여자들을 위해서, 지금 이곳에 없더라도 같은 시공간을 살아내고 있는 여자들을 위해서, 우리가 함께 살아가기 위해서 나는 여기에서 목소리를 내고 있는 것이다. 포기할 수 없겠구나 생각했다. 나는 평생 이렇게 살아가게 되겠구나 했다. 내 평생을 여성들과 나에게 바쳐야만 하겠구나. 우리가 믿는 정의를 위해 나는 앞으로도 멈출 수 없겠구나.

성명문

n번방에서 감방으로—그 방에 입장한 너희는 모두 살인자다

'n번방'이라는 이름의 텔레그램 성착취 사건이 수면 위로 떠오른 지도 벌써 8개월이 지났다. 사건의 핵심 인물이었던 '박사방'의 운영자 박사 '조주빈'이 검거된 지는 122일, 원조 n번방의 운영자 갓갓 '문형욱'이 검거된 지도 벌써 75일이나 흘렀다. 그러나 이 시간이 지날 동안 무엇이 바뀌고, 무엇이 해결되었는가. 무언가 바뀌었을지는 모른다. 그러나 아무것도 해결되지 않았다.

3월, 한 개도 아닌 여러 개의 국민 청원 서명이 총 570만 명을 넘었던 것을 우리 모두 보았다. n번방의 운영자와 회원 모두를 처벌해달라는 청원, n번방에 들어간 모든 사람의 신상을 공개하고 포토라인에 세워달라는 청원, n번방 대화 참여자들의 명단을 공개하고 처벌해달라는 청원 등 전부 나열할 수 없을 정도로 많았던 청원들에는 공통점이 있었다. n번방의 주요 가해자들뿐 아니라 회원까지 모두 처벌하고 신상을 공개해달라는, 즉, 지금의 상황처럼 주요 가해자들만 처벌하고 마무리하려는 것이 아니라 가입자를 포함한 가해자 전원을 처벌해야 한다는 요구 사항이다. 이 청원에 대한 답변으로 정부와 민갑룡 경찰청장은 '운영자뿐 아니라 조력자, 영상 제작자, 성착취물 영상을 소지·유포한 자 등 가담자 전원에 대해서 경찰의 모든 역량을 다해 철저하게 수사하겠다'며 결연한 의지를 보였다. 그러나 5개월이 지난 현시점, 이 결연한 의지는 모두 어디로 갔는가. 가담자 전원은커녕 주요 가해자도 다 잡지 못한 경찰의 역량은 이 정도가 한계인 것인가. 아니라면 일부러 최선을 다해 조사하지 않은 것인가. 과거에도 그랬듯 여성들의 분노를 가라앉히기 위한 말이었을 뿐 애초에 그 의지가 진정으로 존재하긴 했던 것인지 의문이 든다. 눈치 보기에 급급했고, 보여주기식에 불과했던 그들의 말은 디지털 성범죄 문제를 해결하는 데에 전혀 도움이 되지 않으며 외려 아직 잡히지 않은 가해자들에게 이후에도 잡히지 않을 수 있을 것이라는 희망을 주고 있다. 국민들의 요구와 경찰청장의 답변이 무색하게 가담자 전원을 검거하지 않고 사건이 종결된다면, 결국 그 가해자들은 법을 두려워하지 않고 디지털 성범죄를 다시금 저지를 것이다. 이에 따라 이번 시위에서 우리는 디지털 성범죄의 완전 근절을 위해 반드시 가담자 전원을 철저하게 수사해 검거할 것을 강력히 촉구한다.

운영자들은 사기, 협박 등의 방법으로 미성년자가 다수인 피해 여성들을 유인해 성범죄를 저질렀고, 구매자들에게 돈을 받고 성착취물을 소비할 수 있게 함으로써 경제적 이익을 취한 악질 가해자다. 뿐만 아니라 그들은 체계적으로 역할을 분담하고 범죄 수익을 운용해 조직적으로 성착취물을 양산한 범죄 집단이다. 이는 현재 범죄단체조직죄로 기소된 박사방의 일당들이 대표적이며, 범죄단체조직죄는 최대 사형까지 구형 가능한 중범죄다. 조주빈을 비롯한 주요 공범 5인을 포함한 유료 회원 및 조직원 전원에게 반드시 최대형인 사형을 선고해 그들이 정당한 죗값을 받을 수 있도록 해야 한다. 또, 아직 범죄단체조직죄로 기소되지 않은 갓갓의 n번방 일당들 역시 추가 기소가 필요하다. 그들 역시 박사방과 동일하게 체계적이고 조직적으로 운영된 범죄 집단이다. 그럼에도 불구하고 검찰이 아직 그들의 공모 정황을 밝혀내지 못했다는 것을 전혀 이해할 수 없다. 문형욱은 공범 신모씨에게 오프라인 성폭행을 사주했고, 공범 인승진은 자신이 먼저 문형욱에게 연락해 미성년자를 협박하고 1000여 개의 성착취물을 제작·유포했다. 검찰은 이들의 정황을 못 찾은 게 아니라 안 찾은 것이 아닌가. 그들이 의도적으로 모여 범죄를 양산했다는 것을 우리 모두 알고 있는데 검찰의 수사 능력 부족을 스스로 말하는 꼴이다. 검찰이 가해자들에게 면죄부를 주고자 하는 것이 아니라면, 반드시 그들의 죄를 입증해 범죄단체조직죄로 추가 기소해 처벌받을 수 있도록 해야 한다. 또한, 검찰의 가해자 기소 이후로는 사법부의 역할이 매우 중요하다. 국민들은 수많은 가해자가 누구인지 모른 채 내 주변에 있을 수도 있다는 불안감을 가지고 있다. 국민의 안전과 피해자의 일상 복귀를 위해, 조직적인 성착취에 적극적으로 가담한 n번방 가해자 전원의 신상 공개는 반드시 필요하다. 사법부가 과거의 판례처럼 솜방망이 처벌을 되풀이한다면 가담자 전원을 검거한다고 하더라도 디지털 성범죄 문제는 해결되지 않을 것이다. 이에 따라 이번 시위에서 우리는 반드시 가담자 전원에 대한 감형 없는 엄중한 판결과 전원 신상 공개, 나아가 디지털 성범죄 양형 기준 강화를 강력히 요구한다.

텔레그램의 성착취 방들은 아직도 생겨나고, 사라지기를 반복한다. 텔레그램 성착취와의 싸움은 아직 끝나지 않았다. 이제 막 시작했을 뿐이다. 잡히지 않은 가해자들은 잠시 숨어 있다 사건이 끝나갈 때쯤 기생충처럼 다시 나타날 것이다. 그러나 우리는 단 한 명의 가해자도 놓치지 않고 철저하게 잡아내 사회에서 박멸할 것이다. 반드시 디지털 성범죄로부터 여성들이 안전해질 수 있는 사회를 만들 것이다.

2020.07.25 n번방 강력처벌 촉구시위 운영진

활동가들이 지쳐 떠날 때

언제나 열의에 가득 찬 순간만 있는 건 아니었다. 당연하다. 어느 때에는 지치고, 피로하고, 포기하고 싶어지기 마련이다. 많은 여성단체가 그러했듯 우리에게도 위기의 순간이 있었다. 길어지는 가해자들의 재판과 잠잠해지는 언론과 바뀌지 않는 현실에 팀원들은 지쳐갔다. 예상보다 길어진 활동 기간 덕에 본업과의 병행이 어려워진 팀원들도 있었다. 나 역시 마찬가지였다. 현업과 활동을 오가는 날이 길어지니 지치고, 점점 무기력해졌다. 가해자들은 항소하고, 새로운 가해자는 계속 나오고, 수없이 성명문을 내고 기자회견을 해도 뾰족하게 바뀌는 건 없고……. 언제까지 해야 하는 걸까, 우리는 이 긴 싸움의 끝을 볼 수 있을까 하는 물음이 머리에 들어찼다.

한편 무기력감은 활동이 한가할수록 더해졌다. 날을 새가며 급박하게 인터뷰 답변지를 작성하던 때가 있었는데. 메일함에 메일이 쌓여 출근하는 지하철 안에서, 회사 화장실 안에서 틈틈이 시간을 쪼개 답장을 보내던 때가 있었는데. 언론과 사람들의 관심 속에서 이 사건이 멀어지고 있음이 자각되는 순간마다 이상한 기분이 들었다. 아직 안 끝났는데 도대체 왜? 우리가 탄 배만 바다 한가운데 멀리멀리, 육지와 멀어지고 있는 느낌이었다. 이대로는 사람들 기억에서 사건이 잊힐지도 몰라. 그런데 이제 어떻게 해야 하지. 오프라인 시위도 하고 온라인 시위도 하고 기자회견도 퍼포먼스도 했고, 온오프라인을 막론하고 수많은 활동을 했는데. 이제 뭘 더 해야 하지. 지금껏 이 많은 일을 해도 바뀌지 않았는데 뭘 더 해야 이 긴 싸움에서 이길 수 있지. 어떻게 해야 가해자들을 다 잡을 수 있지. 도대체 어떻게 해야 다시는 이런 일이 일어나지 않게 할 수 있지.

무얼 해도 바뀌지 않으면 그땐 어떡하지.

그렇게 시간이 지날수록 다 놓아버리고 싶었다. 아무것도 안 하고 싶었다. 아무것도 안 바뀌니까. 내게도 번아웃이 오고 말았다. 무기력증에 빠진 내 자신이 한심하고 미웠다. 여태까지 잘했잖아. 열심히 했잖아. 왜 아무것도 안 하려는 거야. 왜 새로운 아이디어를 내지 못하는 거야. 왜 오랜만의 취재 요청에 답장 한 문장조차 적기 힘들어하는 거야. 왜 외면하고 싶은 거야.

한동안 활동을 멀리하고 일상에만 충실하게 지냈다. 팀 단톡방 알람도 꺼두었다. 일부러 디지털 성착취 사건에 관련된 기사도 피했다. 누구보다 관련 사건에 팔로업이 빨라야 하는 내가 기사와 커뮤니티 게시글을 일부러 외면했다. 팀을 떠나지는 못하면서 활동에 등 돌리고 있는 스스로가 싫었지만 어쩔 수가 없었다. 그렇지 않으면 내가 당장이라도 도망칠 것 같았다. 함께 싸우기로 결심한 여성들로부터 달아나게 될 것만 같았다.

무력감에 뭐라도 해보자고 시작한 활동을 무력감 때문에 중단하고 싶지는 않았다. 무엇보다 나는 우리 팀을, 우리 팀의 여성들을, 우리 팀 밖의 여성들을 너무나

사랑했다. 어떤 불미한 사건으로 팀이 와해가 될 뻔한
순간에도 나는 결국 떠날 수가 없었다. 세상의 평화까지는
바라지도 않았다. 나는 그저 내가 사랑하는 나의 세계와
우리의 그리고 여자들의 평화를 지키고 싶었다. 내가 믿는
정의로부터 도망치고 싶지 않았다. 나는 버텼다. 그리하여
지금도 여전히 이 자리에 앉아서 이 글을 쓰고 있다.

결코 사라지지 않을 여자들에게

다만 확실히 하고 싶은 게 있다. 도망쳐도 된다. 절대로
죄책감을 가질 일이 아니다. 나는 그간 여성 활동가들에게
포기하지 말자고, 지치더라도 무너지지 말자고 말했다. 내
말이 틀렸다. 포기해도 된다. 무너져도 된다. 도망쳐도 된다.
그만두고 싶으면 얼마든지 그만둬도 된다. 그건 당신의
잘못이 아니며 언제든 그래도 된다고 고생했다고 말해주고
싶다. 안아주고 싶다.

　　　오래 마모되어 사라진 여성들에게. 당신의 일상,
당신의 안정, 당신의 행복만큼 소중한 건 없다. 다시
돌아오지 않아도 괜찮다. 떠난다면 행복해질 때까지 오지
않아도, 떠난 그대로여도 괜찮다. 죄책감 같은 건 절대로
가지지 말아요. 당신은 할 만큼 했고 그 누구보다 애썼어요.
더 열심히 할 수는 없었을 거예요.

그리고 사라져버릴 것만 같다 느끼는 여성들에게. 당신이 사라지기 전에 당신 자신을 먼저 지키기를 바란다. 스스로를 무엇보다 소중하게 여기기를 바란다. 당신이 지쳐 닳아버린다면 나는 아주 많이 슬프고 미안할 것이다. 우리 서로에게 미안함을 주지 말자. 아플 때 억지로 버티지 말고, 참지 말고, 아프다고 말하며 마음껏 아프고 마음껏 괴로워하자. 얼마든지 도망치기로 하자. 내게도 또다시 도망치고 싶은 순간이 오기도 할 것이다. 그땐 도망치고 멀어질 것이다. 하지만 사라지지는 않을 것이다.

그리고 이 기록을 함께 읽는 모든 여성에게. 당신들이 없었더라면 우리가 어떻게 여기까지 올 수 있었을까. 언제나 최전방에서 같은 목표를 위해 싸워준 사람들, 우리를 진심으로 응원하며 힘을 내어 준 사람들, 나의 앞과 뒤에서, 때로는 아주 멀리서 함께해준 당신들이 있어 버틸 수 있었다. 시위를 지나쳐가던 내가 시위대의 가장 뒤쪽에서, 시위 한가운데에서, 가장 앞에서 함께할 수 있었던 건 모두 당신들 덕분이다. 당신들이 존재한다는 믿음으로 두려움보다 큰 용기를 낼 수 있었다.

역사는 승자의 편이라고 한다. 우린 승리할 것이다. 언젠가 우리는 세상을 바꾼 이들로서 역사에 기억될 것이다. 우리의 이름 한 글자 한 글자가 퍼질 수는 없어도 우리의 목소리는 하나로 모여 퍼지게 될 것이다. 우리가 어디에 있더라도 우리는 함께일 것이다.

그럼 내가 하지 뭐

2019년은 정말 바빴다. 여성 인권과 관련된 활동에 관심은
많았지만 집에서 SNS '총공'에 참여하거나 청원에 동의하는
정도로만 연대를 했다. 시위나 방청 같은 오프라인 연대에
대해 잘 알지도 못했고 그러다 보니 멀고 어렵게만 느꼈다.
거기에 직접 참여하기는 겁이 나기도 했다. 그래도 내년에는
꼭 여성 인권 관련 시위에 참여해보자고, 2020년의 목표를
세웠다.

2020년 1월 한창 바쁘던 일이 끝나고 여유가 생김과
동시에 n번방 사건을 알게 되었다. 이런 사건이 이렇게나
공론화가 안 되었다니? 머리를 크게 한 대 맞은 기분이었다.
너무 화가 나고 슬펐다. 온갖 감정이 교차하면서 관련 청원,
온라인 활동, 기사들을 찾아 참여하고 댓글을 달았다.
'당연히 시위가 곧 열리겠지' 하는 마음으로 기다렸다.

2020년 1월 20일경까지 시위 총대를 찾는 글들이
계속 보였다. 하지만 시위가 열릴 기미는 보이지 않았다.
당시 내가 아는 가장 적극적인 활동이 시위였다. 무엇보다

이 사건은 청원만으로는 해결이 안 될 것 같았다. 시위팀이 꾸려지지 않자 마음이 급해졌다. 나는 답답함을 느끼면 충동적으로 행동하는 편이다. 결국 깊게 생각도 안 하고 무작정 여성 인권 관련 카페 두 곳에 '함께 n번방 시위를 꾸려볼 공동 총대를 구한다'고 썼다. 글을 올리자마자 다른 시위 카페, SNS 등을 뒤져 어떤 식으로 시위를 꾸려가는지 찾아가며 무작정 계획을 세웠다. 얼마 후 같이 하겠다는 댓글이 달렸다. 그분과 대화방을 만들고 급하게 짜둔 계획을 더듬어가며 SNS로 운영진을 모았다.

우당탕탕

팀을 꾸리고 첫 회의를 하자마자 큰 실수를 깨달아버렸다. 팀을 먼저 짜고 그 팀을 맡을 운영진을 구했어야 하는데 그냥 인원수만 맞췄다. 시위 경험자를 우선 구했어야 하는데 경험자는 한두 분 정도밖에 없었다. 막막했다. SNS 공지 디자인도 겨우겨우 했다. 그마저도 잘못된 정보를 바꾸느라 부산을 떨어야 했다. 글과 함께 올릴 이미지를 처음에는 직접 앱으로 만들었는데 정식 디자인팀이 구해진 지금 보면 참 대책 없이 했구나 하고 한눈에 알 정도다.

범죄자가 계속 잡히고 신상 공개가 시작되던 시점에는 동시에 여러 일이 진행됐다. 급하게 성명문을 작성하고

동시에 기자회견을 했다. 팀의 체계도 확실히 안 잡힌
상태에서 모든 일정을 다 따라가려다 보니 벅찼다. 무엇보다
일이 익숙하지 않은 게 문제였다. 성명문 하나 쓰는 데도
온종일이 걸렸다. 인력도 부족해 계속 같은 사람끼리 밤을
새며 일을 했다. 초반 몇 개월 동안은 며칠 밤을 새웠는지
모르겠다. 초기 팀원 간 갈등도 잘 제지하지 못했다. 그렇게
우당탕탕 일을 하면서 하나씩 배워나갔다.

일단 해. 하면서 배워

3월로 계획했던 첫 시위가 코로나로 인해 좌절되고 이후 3월
16일 조주빈이 잡혔다. 영장실질심사가 열린다고 해서 첫
기자회견을 기획했다. 종일 조사를 하고 성명문을 적었다.
너무 긴장해서 체할까 봐 회견 때까지 밥을 못 먹었다.
떨면서 더듬더듬 성명문을 읽은 뒤 이어진 기자 질의 시간은
아직 잊지 못한다. 기대와는 전혀 달랐다. 검색하면 금방 알
수 있는 사실들을 물어보는 사람도 있었고, 가해자를 어떻게
언제 체포했는지 같은 이상한 질문들도 받았다. 아무 조사
없이 오신 분이 많은 것 같았다.

어떤 남기자는 피해자분들에게 한마디를 해달라고
요청했다. '피해자분들의 잘못이 아니다. 일상으로
돌아가시길 바란다'라는 뉘앙스로 대답을 하니 '회복하지

못한 게 피해자들의 탓이라는 뜻이냐'고 되묻기도 했다.

그렇게 시작되어, 3월까지 정말 많은 일이 터졌다.
국회 청원 1호는 10만여 명의 동의를 얻었지만 개정된 법안은
시원찮았고, 각종 방송과 언론들은 2차 가해를 하고 조회
수와 관심을 끌기 위해 가해자들의 서사를 풀었다. 코로나
때문에 시위는 불가한데 계속 사건이 터지니까 할 수 있는
일이 성명문밖에 없다는 것이 너무 답답했다.

3월 31일 춘천지법에서 배▨호(로리대장태범)와
류▨진(슬픈고양이)의 재판이 있었다. 운영진 세 사람이
차를 끌고 가서 방청을 했다. 이때까지는 방청연대가 흔하지
않았는지, 참여한 운영진 한 분에게 피고인 변호인이 다가와
피해자냐고 물었다고 한다. 이때 방청 갔던 분들의 이야기를
들으며 방청연대의 중요성을 분명하게 느꼈다. 피고인은
'성인 여성이 교복을 입고 촬영했으며 아동·청소년이
아니'라는 거짓 주장으로 형량을 줄이려 하고 있었다.
재판에서 황당한 일이 많다는 것은 대충 알고 있었지만
기사에서는 정말 많은 것이 생략된다는 실감이 났다. 전해
들은 발언 하나하나 기가 막혔다.

방청연대 활동가 연대자D님의 정보에 의지해 아무것도
모르는 채로 재판 방청을 시작했다. 그렇게 발로 뛰며 재판
정보를 모았다. 처음에는 무슨 상황인지 따라가기도 어렵고
법률 용어를 알아듣지도 못했지만 일단 했다. 물어보고
검색해가며 겨우겨우 재판 내용을 정리하고 방청 후기를
썼다. 당시에는 재판팀도 없었다. 모든 팀원이 있는 전체

채팅방에서 재판 일정을 올리고 참여할 사람을 모집했다. 정말로 맨땅에 들이받는다고밖에 할 수 없는 과정이었다. 그래도 일단 시작하니 차츰 발전해갔다.

우리 방청연대 합시다

내가 방청한 첫 재판은 서울중앙지법 조주빈 재판이었다. 모든 것이 기대와는 달랐다. 판사, 검사, 피고인 측이 짧은 시간 서로 말을 웅얼거리다가 끝났다. 말을 알아듣기조차 힘들었다. 연대의 방식은 매우 다양하다. 직접 참여해보기 전까지 나는 방청연대가 전문적인 사람들의 '수준 높은' 연대 방법이라고 생각했다. 학생 때 관련된 공부를 그다지 안 했을뿐더러 그마저도 다 까먹은 내가 '감히 어떻게 법원을 가'서 힘을 보탤 수 있겠나 하는 생각이 강했다.

    틀린 생각이었다. 사실 대부분의 사람이 법원에 진입장벽을 느끼겠지만 한번 아무 생각하지 말고 가보면 안다. 방청연대는 직접적인 연대인 동시에 오프라인 연대로서는 제일 간단하고 효과적이다. 내용을 미처 다 못 알아들어도 피해자를 응원하는 한 사람으로서 자리를 채워주는 것 자체에 큰 의미가 있다. 법률 용어는 그렇게 많지도 않고 다 비슷비슷해서 몇 번 참여하다 보면 금방 익힌다. 가까운 법원에 한 번만 용기를 내서 다들 와봤으면

한다. 여기 법원이 있네? 성범죄 재판 있는지 볼까? 하고
시간 맞는 재판 아무 곳에나 들어가도 괜찮다.

대한민국 이럴래? 시위나 받아라

'웰컴투비디오' 운영자 손정우의 미국 송환 여부 결정이 나는
선고일이었다. 같이 총대를 맡았던 박멸님과 밖에서 뉴스로
결과를 봤는데 역시나 대한민국이었다. 결과는 참담했다.
너무 화가 나서 그날 바로 버스를 타고 서초 경찰서로 갔다.
법원 앞에서 기자회견이나 포스트잇 퍼포먼스를 하려면
어떻게 해야 하나 알아보고 새벽까지 준비했다. 함께 분노한
많은 이가 참여해주었다. 연대하는 여성들을 직접 만나 같이
목소리를 내면서 정말 많이 힘을 얻었다.

얼마 뒤 미루고 미뤄온 시위를 진행했다. 소규모로
계획해 일정을 빡빡하게 잡고 예산도 최대한 아껴야 해서 뜻밖의
가성비 시위가 되었다. 회의용으로 빌린 공간에서 옆 회의실
눈치 봐가며 시위 음악을 녹음했다. 퍼포먼스에 쓸 녹음을
시위 고작 이틀 전에 하면서 이래도 되나 내내 아슬아슬한
기분이었다. 후원금으로 진행한 운영 사정상 최대한 돈을
아껴야 했다. 간단한 준비 물품은 대부분 각자 집에서 들고
오기로 했다. 회의에 참여한 이들이 필요 물품 목록을 보며
아무도 보채지 않는데 저마다 "이거 집에 있어요. 제가

들고 올게요!" 하면서 목록을 하나씩 지워주었다.

　　　시위 당일, 스피커 소리가 너무 작아 되는대로 핸드폰에 마이크를 대고 진행을 했다. 지나가는 사람들이나 근처 건물에서 사진을 찍어대는 바람에 제지하느라 혼을 쏙 뺐다. 마지막에는 행진하며 구호를 외쳤는데, 근처에서 버스킹을 하던 사람이 시위를 조롱하는 랩을 했다는 걸 나중에 듣고 알았다. 소규모 시위 치고 해프닝이 적지 않았지만 신기할 만큼 무사히 마칠 수 있었다. 이후에 크게 한 번쯤 더 할 수 있겠지 싶었는데 그러지 못한 채로 활동을 마무리하게 되어 아쉬울 뿐이다.

재판 팀 팀장 됐어요

활동 기간에 n번방 관련 재판이 있으면 대부분을 참석했다. 서울지법, 인천지법, 춘천지법…… 하도 많이 가서 이제 정말 눈 감고도 갈 수 있다. 각 지역 법원에 갈 때마다 항상 만나는 사람들이 있다. 혼자 방청한다고 생각하면 지칠 수도 있었을 것 같은데, 각 지역 법원마다 항상 오시는 분들이 있어 힘이 났다. 모든 법원에서 만날 수 있고 항상 모르는 게 있으면 도움 주시는 연대자D님, 인천과 춘천 각 지역 여성 인권 단체 활동가분들, 마지막으로 나처럼 여러 법원 재판에 자주 다닌 우리 팀 네 분 정도가 연대자로 함께했다. 2020년 한 해 동안

내가 가장 많이 만난 사람이 이분들인 것 같다. 특히 우리
팀원들은 아직까지 이름도 나이도 모르지만 재판 때마다
만나 법원 근처 맛집도 검색해서 함께 다닌 사이다. 이제는
너무 편하고 만날 때마다 즐겁다.

춘천지법에 항상 같이 가는 '고정 파티'가 있다. 방청
후 항상 돌 위에 구워주는 닭갈비를 먹고 왔다. 거리가 먼
춘천까지 갈 수 있게 하는 원동력이다. 매번 먼 거리를
운전해주신 발바닥님, 재판 때마다 항상 함께하고 힘을
주신 안개님께 감사하다. 나는 법원 근처 맛집 찾기를
담당했다. 춘천지법은 항상 닭갈비였지만 한번은 새로운
밥집을 찾아갔는데 그 찌개는 아직도 생각날 만큼 맛있었다.
서울지법은 짜장면과 마라탕이다. 초반부터 계속 갔던
짜장면 집이 있다. 교대역에는 맛있으면서 간단히 먹을
수 있는 식당이 마땅치 않아 거기만 다섯 번 넘게 갔다.
그리고 가끔은 근처에 하나뿐인 마라탕 집에 갔다. 팀원들이
좋아하는 메뉴였다.

이후 시위팀 총대를 그만두고 재판팀 팀장을 맡았다.
마침 재판팀을 만들려고 계획한 시기였고 방청도 많이
다닌 터라 자연스럽게 결정했다. 학업과 총대 업무, 방청을
병행하는 일정이 버거워서 총대를 그만뒀는데 부담감만
조금 덜해졌을 뿐 재판도 더 많이 다니고 바쁜 건 비슷했다.
그해를 돌아보면 어떻게 그러고 살았나 싶다.

방청 또 방청

나는 정리해서 글 쓰는 일에 재능이 없다. 특히 글씨가
심하게 날아가서 수기 자체를 싫어한다. 그런 내게 방청
기록은 난관이었다. 수기밖에 방법이 없는지라 들리는 대로
막 적다 보니 내 기록은 나 이외에는 누구도 알아볼 수 없게
되었다. 정보 공유하면서 다른 분들이 적은 것을 볼 때마다
신기할 따름이었다.

　　나는 재판에 갈 때마다 엉망진창으로 적었다. 그래서
집에 도착하면 공유할 정보를 컴퓨터로 다시 정리했다.
그래도 낙서에 가깝게 빼곡한, 나만 알아볼 수 있는 내 방청
노트를 보면 만족스럽다.

　　사실 내 글씨가 문제가 아니다. 가끔…… 아니 사실
자주 판사나 피고인 변호인이나 검사가 마이크를 멀리 두고
말하거나 너무 발음이 엉망이라 재판 진행 상황을 파악하기
어려울 때가 있다. 웅얼거리는데 옹알이를 구경하는
기분일 때마저 있다. 증인 이름이나 3년인지 4년인지 같은
중요한 내용이 잘 안 들리면 곤란하다. 이럴 때는 같이
들은 분께 여쭤보거나 기사에 의지해서 후기를 써야 한다.
저렇게 말할 거면 공개재판의 의미가 뭔지 모르겠다. 전에
춘천지법은 매번 들리는 게 거의 없었다. 참다 참다 춘천지법
사이트 '법원에게 바란다'에 마이크라도 가까이 대달라고
건의했더니 조금 나아졌다.

탄원서를 내자!

'화난사람들' 사이트에서 탄원서를 모았다. 받은 탄원서는
'리셋'[6]과 우리 팀이 번갈아 가면서 제출을 맡는다. 적은 수의
탄원서는 옮길 만하지만 몇만 장이 되면 무거운 박스로 여러
개나 나오기에 여러 사람이 필요하다. 한번은 이원호(이기야)
탄원서를 옮기러 웰빙님과 함께 갔는데 2000~3000장씩
든 박스가 아홉 개나 있었다. 괜찮을 줄 알았는데 보통 일이
아니었다. 탄원서 내기가 최고로 몸 쓰는 일 중 하나다. 물론
옮기는 수고와 상관없이 많이 쌓인 탄원서를 보면 사람들의
연대가 직접적으로 느껴져 좋다. 개인의 탄원서 제출은
피고인의 재판 정보만 알면 가능하니 많은 참여 바란다!

방청권을 달라!

방청권을 수십 매까지 배부하는 재판도 있지만 코로나
때문인지 몰라도 몇몇 가해자의 재판은 항상 다섯 매도 안
되는 양을 배부해 방청하기가 쉽지 않았다. 오전 10시에
잡힌 재판 방청권을 9시 30분에 주기 일쑤인데, 두세 개만
배부한다고 하면 적어도 8시에는 도착해야 선착순에
안전하게 들 수 있다. 법원까지 가는 데 1시간 30분쯤을 잡고
5시에 일어나야 했다. 한▓훈과 강훈 재판이 거의 이랬다.

이런 재판이 있으면 그냥 전날 잠을 안 자고 갔다. 한번은 밤새고 일찍 준비해서 재판 2시간 전에 도착했는데 선착순에 못 들어 방청권을 놓쳤다. 서러웠다.

앞으로도 살아가야 하니까

이제 팀 활동은 끝이 났다. 익명으로 한 이 활동은 주변에 얘기하지도 못하고 따로 기록한 것도 없어서 점차 내 기억에서도 사라져갔다. 지금 그때를 돌이켜보면, 가장 열심히 활동하는 동안 분명 나는 내 삶을 챙기지 못했다. 지인들과 연락도 만남도 적어지고 학교 생활도 열심히 하지 못했다. 팀 활동은 내 2020년의 대부분, 어쩌면 전부였다. 같이 활동한 분들, 방청한 분들, 팀을 나간 분들, 안 좋은 일이 생겨 활동을 그만둔 분들 하나하나 잊은 적 없다.

기사와 SNS에 활동 사진이 나가면서, 나는 알리지 않았지만 몇몇 지인과 가족이 나를 알아봤다. 가족들은 내가 이 일을 하는 걸 싫어했다. 네 일이나 챙기라고, 굳이 왜 위험을 감수하냐며 바보 같다고 했다. 하지만 난 그렇게 생각하지 않는다. 나는 앞으로도 여성으로 이 사회를 살아가야 한다. 여러 가지로 미숙한 점도 있었고 방식에 대해서는 개인적으로 아쉬운 부분도 많지만 난 다시 돌아가도 이 활동을 할 것이다. 당사자성이 있는 내가 여성 대상 범죄를 규탄하는 활동을 하는 게 왜 미련한 짓인지 모르겠다. 내 동생은 나보다도 훨씬 어리다. 그도 여기서 살아가야 한다.

수많은 재판을 지켜봤다. 아직까지 기억에 남는 재판 장면이 있다. 강훈 증인신문 때 텔레그램 성착취물 방 중 하나인 '완장방'의 운영진 송▓웅(미희)가 참석했다. 그때 그는 "완장방은 야동을 올리지만 박사방은 직접 제작한다"면서 '완장방'이 '박사방'보다 낫다는 식으로 온갖 청렴한 척을 했다. 이런 소리를 직접 듣다 보면 가해자들이 자기가 저지른 범죄의 심각성에 얼마나 무감각한지 소름이 끼칠 만큼 실감할 수밖에 없다. 그들은 제가 한 짓이 얼마나 끔찍한지를 모른다. 전혀 모른다.

몸 쓰고 발로 뛰는 건 자신 있어

eNd팀이 만들어지기 전부터 이미 나는 여성으로서 겪는
부당함에 대한 분노로 가득 차 있었다. n번방이 수면 위로
올라왔을 때 수많은 사람과 함께 다시 분노했고, 가해자들이
마땅한 처벌을 받길 바랐다. 하지만 지금까지와 마찬가지로,
도무지 그렇게 될 것 같지가 않았다. 많은 이의 분노에도
불구하고 여느 때와 같이 평범한 날들이었다.

평소에는 잘 들어가지도 않았던 SNS에 로그인해
eNd팀이 올린 'n번방 성착취 강력처벌 촉구시위' 홍보
포스터를 게시글로 업로드했다. 주변 지인들 역시 함께했고
피드는 순식간에 해당 포스터로 가득 찼다. 관련 청원은 매일
새로이 올라왔고, 공유됐고, 단기간에 많은 인원이 참여했다.
그러다 eNd에서 시위를 위한 스태프를 모집하는 것을 봤다.
보자마자 참여해보자는 마음이 들었다. 힘 쓰고 몸 쓰고 발로
뛰는 일에 자신이 있어 물품팀에 지원했다. 그게 시작이었다.

처음 느낀 연대의 실감

코로나19로 시위가 무기한 연기되었다. 현장 스태프였던
나는 마땅히 할 일이 없었다. 팀 전체 대화방에 이따금
공유되는 포스트잇 연대를 독려하는 정도가 전부였다.
떠들썩했던 n번방 사건이 빠르게 잠잠해지면서 관련 청원도,
지인들이 올리던 SNS 게시글도, 내 관심도 줄어들었다.
전염병으로 변해가는 세상에 나도 적응하며 내 일을 하는
동안 n번방은 내게 전에 있었던 다른 사건들처럼, 한때
분노했던 사건 하나로 남게 될 모양이었다.

그러다 본격적으로 팀 활동을 시작한 것은 학교가
종강한 2020년 7월부터였다. '웰컴투비디오' 운영자
손정우의 미국 송환 불허가 계기였다. 이를 규탄하는 eNd의
포스트잇 퍼포먼스가 서울중앙지법에서 진행되었고, 여기에
스태프로 지원했다. 서울중앙지방법원 앞에서 큰 전지를
붙여놓고 지나가는 사람들을 불러세워 손정우 미국 송환
불허 판결에 대한 의견을 적도록 유도했다. 전지는 순식간에
가득 채워졌다. 수많은 사람이 함께 분노하고 있음을 피부로
느꼈다. 이때 느낀 연대의 실감이 지금도 잊히지 않는다.

더 많은 활동을 해보자

드디어 소규모 시위가 잡혔다. 사전에 시위 때 쓰일 음원 녹음을 하기로 했다. 이날은 인천지법에서 n번방 가해자 중 한 명인 강█서(잼까츄)의 재판이 있는 날이어서, 녹음 전에 재판 방청을 다녀왔다. 첫 재판 방청이었는데, 연대자들로 가득한 법정을 보고 많은 사람이 여전히 이 사건에 분노하고 있다는 실감에 안도할 수 있었다. 방청 후 시위 준비를 하러 모였다. 시위 때 쓰일 음원을 녹음하고, 소품을 제작했다. 드디어 내가 처음 지원한 물품팀의 일이 본격 시작된 것이다.

시위 전날인 2020년 7월 24일에는 하늘에 구멍이 뚫린 듯 비가 쏟아져 걱정이 많았다. 다행히도 당일이 되니 비가 멎고 해가 쨍쨍했다. 당일 아침 나는 수령 가능한 물품들을 가지고 혜화로 향했다. 부스 설치와 준비를 하며 시위 참가자들을 맞이했다. 퍼포먼스, 구호, 행진…… 준비한 순서가 이어지는 동안 주위를 지나다니는 사람 대부분은 우리와 상관없는 듯 보였다. 'n번방에서 감방으로'라 적힌 피켓을 훑어보고 비웃으며 지나가던 이들, 조롱하던 남학생들, 애써 시선을 거두던 커플들, 시위가 끝나고 경찰들이 해산하자마자 정리 중인 스태프들에게 와서 시비를 걸던 아저씨가 있었다. 스태프들과 참가자들을 몰래 촬영하는 수많은 남성이 있었다. 발견하고 즉시 경찰을 부르면 도망가며 욕을 하기도 했다. 그들이 찍은 사진이 어디에서 떠돌고 어떤 욕을 먹었을지 알 수 없다. 범죄를 정당하게 처벌하라는 목소리조차 큰 용기를 내서 외쳐야만 하는 현실에 치가 떨렸다.

시위를 마친 뒤 나는 물품팀 부팀장이 됐고, 운영진이 됐고, 총대가 됐다. 연일 시위가 미뤄지는 동안 물품팀원으로서의 일은 없었지만 운영진으로서는 할 일이 많았다. 여러 팀 활동을 적극적으로 돕겠다는 마음으로 재판 방청연대를 시작했다. 방청연대는 내가 나를 활동가로 정의 내리게 된 시발점이다.

내가 지켜보겠습니다

가끔 인터뷰를 할 때면 자주 듣는 질문이 'eNd팀에서 활동하게 된 특별한 계기'였다. 대단한 동기가 있는 건 아니었다. 피해자들을 위해 뭔가를 하고 싶었을 뿐이다. 방청을 다니는 것이 내가 할 수 있는 최선의 연대 활동이었다. 피해자들을 위해 활동하는 단체에 보낼 돈도, 아르바이트 하며 학교를 다니는 학생인 나에게는 안타깝지만 없었고, 이들을 돕기 위한 법적인 지식도 없었다. 내가 내놓을 수 있는 건 내 시간들뿐이었다. 마침 수업이 온라인 강의여서 방청 다닐 시간을 더 낼 수 있었다. 재판 방청을 다니다 보니 멸균님과 안면을 트게 되었다. 이후 재판팀 팀장을 맡은 멸균님은 eNd팀을 처음 만들었다. 멸균님과 처음 만났을 때가 기억에 남는다. 그때 그는 가해자 한 명한 명을 다 기억하고 있었다. 팀 활동 초반에 나는 신상이 공개된 가해자들의 이름 정도만 알 뿐 이들이 각각 무슨 짓을 했는지는 잘 알지 못했다. 법원에서 만날 때마다 내가 "얘는 누구예요?" 물어보면 멸균님은 막힘없이 설명해줬다. 그때도 지금도 정말 대단하다고 생각한다. 재판에 참여하여 증인신문이나 판결문을 읽다 보면 우리 팀에서 팔로업하지 않는 가해자들의 닉네임이 언급되는 경우가 많다. 그러면 멸균님은 법정을 나서자마자 ▦▦▦가 누군지 찾아내 파악하려 했다. n번방 사건 초기부터 관심을 가져 여러 재판 방청을 다니고 공부한 그에게는 익숙한 닉네임인 거다. 이런 식으로 계속 닉네임을 식별하고 가해자 정보를 파악해가면서 그는 한 명이라도 더 감시할 수 있다는 것에 기뻐했다.

단 한 명이라도, 더 많은 가해자가 제대로 처벌받는지를 지켜보기 위해 우리는 모였다. 팀에서 팔로업하는 가해자들의 1심이 한창 진행될 때는 법원 직원처럼 법원에 갔다. 가끔은 지켜볼 가해자 명단이 늘어나는 것이 버거울 때도 있었다. 한정된 인원으로 여러 재판을 다니다 보니 스트레스도 있었다. 내가 안 가면 아무도 재판을 지켜보지 않을까 봐, 그러면 보는 눈이 없는 사이 제대로 처벌받지 않고 끝나버릴까 봐 무서웠다. 당시 나는 그저 내 머릿수를 채워서 법정 안에서 판사를 압박하는 데 두 눈으로라도 도움을 보태고 싶었다.

디지털 성범죄가 정말 많구나

방청연대를 하며 새로운 가해자를 알아내는 방법은 꽤 다양하다. 법원에서 자주 만나게 되는 연대자D님에게 듣기도 하고, 피해자나 기관에서 연대 요청을 받기도 한다. 그리고 우리는 직접 발로 뛰어서 새로운 가해자를 찾아내기도 했다. 재판 방청에 가는 날이면 법원에 붙어 있는 오늘의 재판 일정을 훑어본다. 디지털 성범죄와 관련된 사건 번호와 가해자 이름을 노트에 전부 적고 해당 재판 방청을 했다. 재판이 시작되면 피고인의 이름, 나이 등 신상 정보를 확인하게 되고, 범행 내용을 알 수 있다. 그러다 보면 가끔 n번방 사건, 모방 사건 등 디지털 성착취 범죄의 새로운 가해자를 찾게 된다. 하지만 대부분은 기존에 체크하던 범위가 아니기 때문에 n번방 관련 범죄가 아니면 과감하게 사건 번호를 지웠다. 지우면서도 역겨운 범행 내용에 탄식하며 속으로 온갖 욕을 했다. 우연한 재판 방청을 마지막으로 더는 만날 일 없는 피고를 있는 힘껏 노려보며, 마음으로나마 피해자를 응원한다. 모든 성범죄를 감시하면 좋겠지만 현실적으로 가능한 일이 아니기 때문에 마음 한쪽에는 불편한 감정을 둔 채 애써 잊는다.

그래도 계속 발로 뛰다 보면 지속적으로 감시망에 두는 가해자 수가 천천히 늘게 된다. n번방 사건의 모든 가해자를 감시하고 싶다. 지켜보는 이가 없으면 쥐도 새도 모르게 솜방망이 처벌을 받고 끝나거나 혹은 불구속으로 재판이 진행되거나, 어쩌면 잡히지도 않고 여전히 컴퓨터 뒤에서 똑같은 짓을 반복하고 있을 것이다. 단 한 명이라도 더 잡혀 처벌받기를 바라며 계속 법원에 갔다.

함께하기에 계속할 수 있는

팀 활동이 재판 방청 위주로 돌아가기 시작한 순간이 있다. 멸균님과 재판에 자주 참여하며 이런저런 얘기를 하다 보니, 그 혼자 모든 가해자의 거취를 지켜보고 재판팀을 관리하기가 너무 힘들 것 같았다. 조금이라도 도움이 되고자 가해자들의 재판 일정을 체크하는 업무를 맡았다. 코로나가 한창 말썽일 때 재판 날짜는 자주 변경됐다. 일정 체크를 소홀히 하면 허탕 치는 경우가 생기고, 나뿐만 아니라 멀리서부터 이동하는 다른 팀원에게도 피해가 갈 수 있었다. 재판 당일 다른 팀원과 법정 앞에서 기다리는데 도저히 재판을 시작할 기미가 보이지 않았다. 몇 분 후 직원이 올라오더니 기일이 변경되었다고 알렸다. 꼼꼼히 체크한다고 하지만 팀이 감시하는 가해자 수가 점점 늘어 50명 정도가 되자 당일 일정 변경까지 혼자 체크하기는 무리였다. 그렇게 방청연대에 조금씩 지쳐가는 순간이 왔다.
　　그때 뽀또님이 혜성처럼 나타났다. 운영진에 가장 늦게 합류한 뽀또님은 운영진 중 유일하게 지방에서 활동하셨다. 그럼에도 수도권 재판 상황까지 찾아봐주고, 안동에서 진행되는 거의 모든 재판을 혼자 다니셨다. 그를 보고 다시 열심히 할 힘을 얻었다. 안동에는 신상이 공개된 가해자가 둘이나 있다. 문형욱(갓갓)과 안승진이다. 외에도 이들의 공범들이 대구, 안동에서 재판을 받고 있었다. 주요 가해자가 둘이나 있고 성범죄에 하염없이 관대한 지역이라지만 도저히 재판 방청에 갈 엄두조차 안 났는데 뽀또님이 함께하게 된 후 나도 가볼까 하는 마음이 생겼다.

　　　이후 뽀또님이 재판팀 팀장을 맡아 멸균님과 업무를 분담하고, 내가 하던 재판 일정 체크도 재판팀원들이 분업하여 담당하게 되었다. 점점 체계가 잡혀가고 분업이 가장 활발한 재판팀을 보면서 괜히 뿌듯해졌다. 내가 뽀또님을 보며 다시 힘을 얻었듯, 연대 활동을 하며 가장 큰 힘이 되는 건 아무래도 팀원들이었다. 여럿이 함께하는 연대에는 많은 의미가 있지만, 나는 우리가 서로에게 버팀목이 되었다는 점이 가장 뜻깊게 다가왔다. eNd 팀원들은 존재만으로 내내 용기가 되고 힘이 됐다. 방청 초반에는 정말 소수 인원이 방청을 다녔기 때문에 그만큼 부담이 컸다. 내가 안 가면 방청석이 빌 거라는, 그럼 판사들이 반길 거라는, 피고인들이 좋아할 거라는 부담이다. 재판 중 필터링 없이 2차 가해를 할 판사, 검사, 변호인들이 눈에 아른거렸다. 재판팀에 인원이 많아지면서 이런 압박을 내려놓을 수 있었다. 연대 활동을 할 때는 내가 지쳤을 때 그 빈자리를 채워줄 사람이 있다는 사실이 무척 중요하다.

누군가가 지칠 때에 앞선 이들의 행보를 보고 또 빈자리를
채울 누군가가 생겨난다. 연대자들에게는 또 다른 연대자들,
더 많은 연대자가 필요하다.

멈춰도 된다는 위로들

재판 방청하며 팀원들과 대화를 하다 보면, 지속적으로 방청
활동을 하는 사람들에게는 저마다 다른 가해자보다 더 유의
깊게 보는 가해자들이 있다는 것을 알게 된다. 두부님에게는
군사법원(성범죄에 관대한 곳이다)에서 재판이 진행된
가해자 이원호(이기야)였고, 멸균님에게는 재판 때마다
헛소리를 남발하고 연대자들을 혼내는 조주빈의 공범
강▨무(도널드푸틴)였다. 나에게는 춘천지법에서 재판이
진행되는 신▨희(켈리)가 그랬다.
　　　우리 팀은 각 가해자의 범행 내용을 정리해
'이새뭐새(이 새끼는 뭐 하는 새끼야)'라는 이름으로
사람들에게 배포했다. 나는 켈리의 범행 정리를 맡았는데
기사 검색을 아무리 해도 범행 내용이 자세히 나오지
않아 어려움이 있었다. 그래서 재판을 한 번 가야겠다고
생각했지만 춘천까지 가기가 막막하던 차, 고민을 들은
발바닥님이 본인이 운전을 할 테니 같이 가자고 했다.
이후에 춘천지법에 계속 함께 가게 되었다. 아침에 시험을

보고 춘천지법에 가야 하는 날은 근처까지 태우러 와주기도 했고 시험 기간에 춘천에 다녀오는 날에는 끝나고 학교 앞까지 데려다주기도, 어느 때는 간식을 준비해주기도 했다. 지금이야 재판에서 자주 만나서 서로 친숙해졌지만 당시는 서로 이름도 나이도 아무것도 모르는 때였다. 그런 사람에게 선뜻 호의를 베풀고 배려해주신 것이다. 서로를 믿는 것. 익명의 연대자들이 서로에게 주는 최고의 마음인 것 같다.

발바닥님이 운전하는 차를 타고 다니면서 이런저런 얘기를 했다. 활동하며 고민되는 점들을 털어놓을 때마다 항상 따뜻하게 조언해주고 위로해주었다. 사람들이 n번방에 관심을 잃어가는 가장 큰 이유는 무언가 해결되는 것 같지 않고, 변하는 것 같지 않아서일 것이다. 연대자로 활동하면서 나도 그런 생각을 했고, 번아웃이 찾아왔었다. 그럴 때 발바닥님의 덤덤한 위로가 큰 힘이 되었다. 팀 결성 초부터 달려온 우리는 가끔 각자 휴식기를 가졌다. 회의 안건에 '누구누구, 언제까지 휴식'이라고 적히면 다들 그동안 고생했다고, 푹 쉬다 오라고 한마디씩 했다. 모두가 서로의 노고를 알고 걱정하며, 한 명이 휴식기를 가지는 동안 다른 이들이 그 빈자리를 채워준다. 나는 휴식기를 가진 적은 없지만, 내가 정말 힘들 때 잠시 쉴 수 있다는 것 자체가 든든했다. 힘들면 버티지 말고 쉬어 가라는, 멈춰도 괜찮다는, 우리가 마모되지 않았으면 좋겠다는 우주님의 위로가 기억난다. 공익을 위해 활동하는 것이고 그 공익은 곧 나를 위한 거라고, 그래서 조금 더 애쓰고 싶다고 생각했다. 때로 연대자라는 말이 참 부담스럽게 다가올 때가 있다. 내가 연대를 멈추면 안 될 것 같고, 허점을 보이면 큰일 날 것 같다는 마음이 들기도 했다. 그럴 때 멈춰도 괜찮다는 말을 듣자 역설적으로 연대를 지속 할 힘이 생겼다. 그렇게 계속 용기를 채우며 할 일들을 해나갈 수 있었다.

군사법원 재판 방청

내가 사는 서울은 물론, 인천, 수원, 춘천, 안동, 제주 등 갈 수 있는 법원, 방청할 수 있는 재판은 최대한 참여했다. 처음 재판에 참여할 때는 노트와 펜도 안 들고 가서 재판 내내 열심히 적는 팀원들 사이에서 민망하게 앉아 있었던 기억이 난다. 두 번째 재판에는 잊지 않고 노트와 펜을 챙겨 갔다. 그때는 뭐가 중요한지도 모르고 모든 말을 다 받아 적었다. 점점 익숙해지고 알게 될수록 방청에도 요령이 생겼다. 중요한 말만 받아 적고, 모르는 법률 용어들은 적어뒀다가 집에 와서 찾아봤다. 그렇게 재판 방청연대자, 활동가가 되어갔다.

　　　재판을 다니고, 탄원서를 내고, 인터뷰를 했다. 운영진 중 팀에 늦게 합류한 편인 나는 처음 물품팀에 지원하던 각오대로, 발로 뛰는 일을 열심히 하고자 했다. 이미 팀을 탄탄히 만들어준 기존 운영진들 덕에 비교적 쉽게 할 수

있는 일이 많음을 모르지 않았다. 맨땅에 부딪는, 가장
어려운 처음을 해낸 사람들이 있기에 체계가 있는 것이다.
그런 마음으로 정말 여기저기 많이도 다녔다. 서울, 춘천,
인천, 수원, 안동, 군사법원……. 법원의 크기나 모양도
제각각인 만큼 판사들의 성인지감수성도, 재판 진행도
제각각이다.

　　수도방위사령부 보통군사법원에서 진행된
이원호(이기야)의 군 재판은 특히 다른 법원의 재판과는
확연히 달랐다. 먼저 군사법원이다 보니 방청객 검문이
철저했다. 군대 안에 있던 보통군사법원은 정문에서
신분증을 맡기면 출입증을 준다. 출입증을 받은 외부인들은
군인의 통솔하에 다 같이 버스로 이동해야 한다. 이동
후에는 소지품 검사를 하고 전자기기를 모두 맡긴다. 군복을
입고 수갑을 찬 이원호가 군인 두 명에게 이끌려 법정으로
들어왔다. 이원호가 피고인석에 서기 위해서는 수갑을
풀어야 하는데 연행한 군인들이 수갑 열쇠를 가져오지 않아,
열쇠를 가지러 법정 밖을 허둥지둥 나섰다. 엄밀한 통제
아래 온갖 검사를 받고 들어온 것에 비하면 참 허술하다고
생각했다. 내려질 선고에 대한 불안감도 커졌다.

　　2021년 1월 20일, 불안했던 마음은 현실이 되었다.
이원호에게 검사는 징역 30년을 구형했으나, 군판사는
검사 구형의 절반도 되지 않는 징역 12년을 선고했다.
이원호는 성착취물을 반복해 유포했고 직접 채널을 만들어
조주빈에게 넘기거나 관리자 권한을 넘겨받는 등, 군 복무

중에도 범죄 행위를 적극적으로 지속했다. 그만한 범죄의
심각성이 군판사에게는 이 정도인 것이다.

눈싸움

조주빈 외 5인의 범죄단체조직죄에 대한 첫 공판 날이었다.
기사로만 봤던 조주빈을, 다른 가해자들의 얼굴을 마주했다.
다른 법원에서 만난 대부분의 가해자는 모두 고개를 숙이고
방청석은 절대 쳐다보지 않았다. 오직 변호인만이 말을
하고, 재판 시작 전 판사가 피고인들의 신상 정보를 물을
때도 방청객들을 의식하는 듯 기어들어가는 목소리로
대답한다. 하지만 이들은 달랐다. 정말이지 떳떳했다.
방청객을 계속 응시했고, 눈을 피하지 않았다. 마이크에
대고 자신의 신상 정보를 방청객들 잘 들으라는 듯이 아주
크게 또박또박 말했다. 자신들의 범행이 조금도 부끄럽지
않은 듯 당당해 보였다. 그들은 내 이름도 전화번호도
주소도 그 무엇도 모르지만 그 눈빛이 나는 두려웠다.
15년가량 징역을 살면 나오게 될 이들이 내 얼굴을 기억할까
봐 내가 눈을 피하고 말았다.

켈리

운영진으로서 내가 맡았던 첫 번째 일은 춘천지법에서
재판 진행 중인 켈리의 범행 내용 정리였다. 정보를 모으기
위해 춘천지법으로 향했다. 춘천지방법원 재판들은 대부분
지연된다. 이날도 한시간 반 전에 끝났어야 할 다른 재판이
켈리 공판 시간에 진행되고 있어 무더위 속에서 하염없이
기다렸다. 재판 시작 전 함께 간 멸균님과 발바닥님에게
"제가 켈리 얼굴 어떻게 생긴지 맞춰볼게요"라고 말하며
방청 노트에 그림을 그렸다. 그저 긴 기다림을 달래기 위한
장난이었다. 이후 구속 상태의 피고인이 입장하는 문이
열리고 내가 그렸던 그림이 걸어 들어왔다.

춘천지방법원은 스피커에 문제가 많았다. 분명 공개 재판인데도 판사와 검사, 피고인, 변호인끼리만 이야기를 했다. 정보가 필요해서 왔는데, 난처하게도 분명 방청을 했지만 무슨 말이 오갔는지 파악할 수가 없었다. 방청 후 우리는 홈페이지에 건의 글을 썼고, 다음에 방문한 춘천지방법원 재판에서는 판사의 또렷한 목소리를 처음으로 들을 수 있었다. 감격한 나머지 재판 기록물에 "소리가 크다!"라고 별표까지 쳐서 적어뒀다. 그리고 피고인 변호인들의 발음은 마이크 성능과 별개라는 것도 알게 됐다. 변호인이 말하는데 속기사가 두 손 놓고 변호인을 쳐다보던 그 허망한 듯한 눈빛을 아직도 잊지 못한다. 당시 방청석에 있던 모든 연대자가 같은 눈빛을 하고 있었으니까…….

너 최악의 법원 등극!

서울, 춘천, 인천, 수원, 안동, 제주 각 법원에 해당 법원에서 재판을 받고 있는 가해자들의 탄원서를 제출했다. 법원마다 일 처리 방식이 달라 법원에 처음 갈 때면 항상 긴장이 된다. 이 긴장감은 곧 실망과 분노로 변했다.

서울지법에 조주빈과 그의 공범들의 탄원서를 제출하러 간 날이었다. 많은 사람이 알고 있는 조주빈이니만큼 엄벌 릴레이 탄원서 중 가장 많은 장수였다. 약

2500장이 들어가는 A4 박스 총 24개를 접수하고자 민원실에 가져갔다. 직원들은 양을 보고 놀라더니 활동가들에게 재판부에 직접 옮겨놓으라고 말했다.

대구지법 안동지원에 제출한 안승진과 공범의 탄원서는 여덟 박스였다. 민원실 직원 중 한 명은 서류를 작성 중인 활동가들에게 사무실이 좁으니 길 막지 말고 나가라며 면박을 줬다.

제주지법에 제출한 배준환의 탄원서는 세 박스였다. 비교적 적은 탄원서였는데 민원실 직원은 그리 생각하지 않았나 보다. 그는 한숨을 쉬며 우리에게 6000장 넘는 탄원서를 한 장 한 장 꺼내도록 요구했다.

법원에서 만나는 민원실 직원들의 태도는 때로 나를 무기력하게 만들었다. 다들 n번방 가해자들이 제대로 처벌받기를 원하고 있지 않았던가? 법원에 근무하는 사람은 분노했던 수많은 사람 중에 없었던 걸까? 그걸 떠나서, 왜 처음 보는 시민들에게 이렇게 무례하게 구는 걸까?

하지만 우리에 대한 누군가의 무례한 태도는 차츰 내게 별일이 아니게 됐다. 농담 삼아 '▨▨지법 최악의 법원 등극!'이라 말하며 웃어넘기게 됐다. 이들이 어떻게 나오든 나는 세상이 제대로 돌아갈 때까지 해야 하는 일을 할 것이다.

교수님 죄송합니다

나는 대학교 막학년이다. 이 책이 다른 사람들에게 읽힐
때쯤이면 이미 졸업을 했을 것이다. eNd팀에서의 연대
활동은 내가 처음으로 직접 발로 뛴 활동이다. eNd팀에
들어와 활동을 시작했을 때부터 이 글을 쓰는 지금도
외국의 대학원을 준비하는 중이다. 개인적으로 나에게
eNd팀 활동은 한국 여성으로서, 한국 여성의 인권을 위해,
한국에서 할 수 있는 마지막 일일지도 모른다. 그런 생각을
해서인지 나는 어쩌면 내 개인의 일보다 활동가로서의 일을
더 우선시했다. 한국에 있는 동안 있는 힘껏 도움이 되고
싶었다.

    마침 코로나로 학교 수업이 온라인 강의로 이루어져
줌으로 진행되는 실시간 강의가 네 개, 녹화 강의가 세
개였다. 노트북이나 핸드폰만 있으면 어디서나 수업을 들을
수 있었기 때문에 나의 일정은 모두 재판 위주로 돌아갔다.
서울이나 인천지법에서 재판이 있는 날에는 재판 시작보다
3시간씩 일찍 가서 법원 앞 카페에 앉아 수업을 듣고 방청을
갔다. 타지역으로 재판 방청을 가는 날에는 법원 가는 차
안에서, 법정 앞에서 재판을 기다리면서 수업을 들었다.
재판과 수업이 겹치면 한 쪽에는 강의가 재생되는 이어폰을
꽂고 반대쪽 귀로 재판을 들으며 기록하기도 했다. 재판 중
수업이 시작되는 경우도 허다했는데, 재판에 집중한 나머지
종종 출석 체크를 놓치기도 했다. 수업 중 교수님이 날

지목해 질문을 하면 법정을 서둘러 나와 대답을 하고 다시 법정에 들어갔다. 가끔은 마이크가 고장 났다는 거짓말도 했다.(교수님 죄송합니다.)

불어버린 춘천 명물 비빔막국수

전공 특성상 발표 수업이 많다. 발표를 무조건 재판과 안 겹치는 날로 잡는 게 중요했다. 열심히 조율했지만 노력에도 불구하고 발표 날과 법원 가는 날이 겹친 적이 딱 두 번 있다.

어난님과 재판 방청을 위해 춘천지법에 간 날이었다. 재판이 끝나고 수업 전까지 한 시간이 비었다. 충분히 밥을 먹을 수 있는 시간이라 생각하고 서울에서 같이 이동한 어난님, 재판팀의 춘천지역 스태프인 미디움님과 함께 춘천의 명물인 막국수를 먹으러 갔다. 생각보다 음식이 늦게 나왔고, 막국수가 나오자마자 수업이 시작됐다. 헐레벌떡 어난님의 차 열쇠를 받아 들고 차로 달려갔다. 15분을 예상했던 발표가 교수님과의 질의응답으로 40분으로 늘었다. 15분 뒤에 온다고 했던 내가 돌아오지 않자 식사를 마친 일행이 날 찾기 시작했다. 더운 여름 춘천, 그것도 남의 차 안에서, 언제 오냐는 메시지가 계속 알림을 쏟아내는 한쪽에서 교수님이 본격적으로 질문을 시작하는 상황에 식은땀이 나기 시작했다. 장장 40분에 걸친 발표를 끝마치고

돌아갔을 때 내 비빔막국수는 더 이상 비빔막국수가
아니었다. 육수로 살려보고자 했으나 너무 늦었다.

10분 컷 안동 명물 찜닭

두 번째는 발바닥님, 멸균님과 탄원서 제출을 위해
안동지법에 간 날이었다. 탄원서는 무겁다. 탄원서 제출은
정직하게 힘으로 하는 일이기에, 인원이 많을수록 좋다.
그래서 대구 지역에서 활동하는 뽀또님, 양파님도 뵙게 됐다.
탄원서를 제출한 후 찜닭을 먹으러 갔다. 안동찜닭이 나왔을
때는 수업이 시작되기 10분 전이었다. 밥을 코로 먹는지
입으로 먹는지 모른 채 아무 말도 없이 먹었다. 수업 시작 5분
전, 나는 또 한 손에 차 열쇠를, 한 손에는 전원을 켠 노트북을
들고 차를 주차한 공영주차장으로 달렸다. 그러다 당연히
길을 잃었다. 길치인 자신이 가장 원망스러웠던 순간이다.
주차장에 도착하기 전에 길 한복판에서 수업이 시작됐다.
다행히도 발표에는 늦지 않았지만 교수님이 보던 내 화면은
「미션 임파서블」이었겠구나 싶다. 정신없이 흔들리는 화면에
멀미를 하진 않았을지……. 발표는 무사히 마쳤다.

1타 쌍피와 안동 추어탕

졸업을 위해서는 학기마다 한 번의 답사가 필수인데, 이번 학기 답사는 단체로 가지 않고 각자가 답사 지역을 선정해 알아서 다녀와야 했다. 마침 안동지법에서의 안승진 재판과 수업 휴강 날이 겹쳤다. 안동에 답사할 공간을 열심히 찾아 답사 신청을 하고, 기차를 예매했다. 재판은 오후 14시 10분이었지만 새벽 6시에 출발했다. 답사가 생각보다 빨리 끝나서 곧장 법원으로 향했다. 뽀또님을 만나 뽀또님의 소울푸드 추어탕을 먹었다. 비 오는 날 새벽부터 이동해서 피곤했던 눈이 번쩍 뜨이는 맛이었다. 답사 내내 사진 찍느라 우산 들 손이 없어 비에 젖은 몸이 추어탕 한 그릇에 풀렸다. 성공적인 식사를 하고 재판 방청을 위해 법원으로 향했다. 큰일 두 건을 동시에 해결한 이 하루는 피곤했지만 뿌듯함을 안겨주었다.

이 막국수와 찜닭과 추어탕의 날을 지금 돌이켜보니 참 바쁘게 지냈다. 누군가에게는 미련하게 보일지도 모르지만, 그래도 다른 말보다 수고했다는 말이 듣고 싶다.

"수고했다, 나!"

최악의 발언 모음집

"난 피해자 주소를 모르기 때문에 석방 상태로 재판을 진행해야
한다."

신▒희(켈리)

"피고인이 제공한 정보 덕분에 사건 전체가 파악되었고, 현재
피고인들을 체포할 수 있었다. 부모랑 같이 살기 때문에 도주
우려가 없고, 증거 수집의 기회를 위해 불구속재판으로 진행해야
한다."

김▒일(서머스비) 변호인

"사회성이 다소 떨어져 컴퓨터에 집착했고, 또래들처럼 성에
대한 관심이 많았을 뿐이다. 학생으로서 잘못을 저질렀지만
깨달았다면, 어른들이 정상적인 생활을 보장해줘야 한다. 부모도
반성하고 있음을 참작해달라."

백▒찬(윤호TM) 변호인

"성에 대한 호기심이 많은 나이이기 때문에 미성숙함에서 초래된
범행이다. 온라인의 잘못된 정보에 노출되었고 사회의 규율이
닿지 않아서 범행을 저지르게 됐다. 구치소에서 뼈를 깎는 참회를
하는 중이다. 사회와 가정 안에서 온전한 교육을 받고 온전한
사회인으로 자라도록 도와줘야 한다."

이▒민 변호인

재판 방청 후 재판 후기 카드뉴스 제작을 했다. 재판에서 있었던 일들을 사람들과 최대한 공유하고 싶었다. 법정 안에서 직접 듣게 되는 말들은 아주 가관이다. 지금까지 들었던 피고인과 피고인 변호인들의 발언 중 내가 생각하는 최악은 저지른 범죄를 사회의 탓으로 돌리는 것이었다.

내가 본 성범죄자들

n번방 가해자 방청을 위해 법원에 가면 n번방 이외의 성범죄 재판이 늘 정말 많았다.

청소년 성매매 알선죄를 지은 남성의 항소심 선고 재판이었다. 항소심에서 원심의 형이 파기되고 4년 6월로 감형받은 피고인은 웃으며 법정을 나섰다.

성범죄로 항소 공판을 받고 있던 남성이었다. 피고인석에 앉아 그는 자신의 재판을 군사법원으로 회부해줄 것을 요구했다. 군사재판의 성범죄 처벌이 가벼운 걸 알기 때문이다.

간음죄로 공판 진행 중인 한 젊은 남성이었다. 공판 시작 전부터 법정 앞 복도는 외부인으로 꽉 차 있었다. 그들은 복도에서 기도를 하고 있다가 법정에 들어갔다. 해당 재판이 끝나고 피고인은 뒤돌아 기도를 하던 사람들에게 고개 숙여 인사했다. 남을 시켜 무슨 기도를 받았을까.

미성년자 성매매 혐의로 진행된 항소심 재판이었다. 피고인에겐 피해자와 합의하려는 기미도, 반성하는 기색도 없었다. 판사는 이를 언급하며 감형 없이 1심의 선고를 유지한다는 판결을 내렸다. 분노에 가득 찬 피고인이 법정을 나가면서 방청석에 다 들리게 욕을 했다.

그 많은 하루하루, 애쓰고 반성하고 다짐하며

2017년부터 블로그에 일기를 썼다. 처음에는 친구들만 보는 블로그였지만 점점 이웃이 늘었다. 하지만 eNd팀은 익명으로 활동을 하는 팀이고 내가 활동하는 사실을 공개적인 곳에 올려서 남이 알게 되는 것은 지침에도 어긋날 뿐만 아니라, 개인적으로도 위험이 될 수 있는 일이다. 그래서 활동을 본격적으로 시작한 이후 블로그는 비공개로 돌렸다. 블로그에 글 쓰는 것을 포기하지 못한 이유는 나중에 내가 활동한 사실을 잊을 것 같아서였다.

당시 블로그에 올린 일기들은 부정적인 내용이 많다. 대부분이 eNd팀의 일과 내 생활을 구분하지 못하는 나에 대한 한탄이자, 반성하는 글들이다. 하지만 이 모든 순간에도 연대 활동을 멈춰야겠다는 생각은 없이, 그저 균형을 잘 잡기 위해 나에게 쓴소리들을 적었다. 나는 연대했던 모든 순간을 소중히 생각한다. 후회는 없다. 나의 작은 활동이 누군가에겐 영향을 줄 수 있고, 이런 작은 실행을 하는 사람이 많아지면 세상도 조금씩은 변한다는 것을 안다. 미세하지만 조금씩 나아가고 있다. 아래는 블로그에 적은 글 일부다.

2020.8.19.

현생과 eNd팀 활동을 구분하지 못하는 것 같다. 개강 전이라 당장은 시간적인 여유가 있어서 참여할 수 있는 재판은 웬만하면 참여하고자 했다. 그냥 연대하고자 가벼운 마음으로 시작한 일이었는데 이 일이 점점 내 일상을 침범한다. (…) 시위 이후로 지금까지 바쁘게 살았고, 잘 살고 있다고 생각했는데 아닌 것 같다. 문제는 어쭙잖은 나의 연대 의식이 현생보다 더 가치 있게 느껴진다는 것이다. 이럴 상황이 아닌 걸 아는데도 현생을 챙기지 못하는 내가 한심하다. (…) 난 지금 뭘 하고 있는 걸까? 균형을 잘 맞춰야겠다.

2020.8.31.

n번방 관련 유사 성범죄, 모방 성범죄는 계속 생겨나고 이에 우리는 맨날 분노하고 있지만, 사람들은 너무 관심이 없다. 뒤돌아보면 우리만 화내고 있는 것 같다. 많은 관심이 필요하다. 우리가 방청 가서 판사, 검사, 피고인 측의 헛소리를 듣고 재판 후기를 쓰고 규탄문을 쓰면 읽어주고 같이 분노해주는 사람이 늘면 좋겠다. 욕심일까? 26만 명 다 처벌할 때까지 우리 같이 연대해야 되는데. 이제 시작인데.

아직 멀었는데. 시위도 아직 안 했는데…….

2020.9.9.

팀에서 긴급으로 윤▦동(트럼피)의 탄원서를 모았다.
(…) 트럼피의 범행 내용을 정리하고, 탄원서 예시를 만들고,
지인들의 명의를 빌려 탄원서를 대신 작성하느라 며칠 밤을
꼬박 새웠다. 이렇게 내 손에서 마무리 된 탄원서 116장을
뽀또님이 대구지방법원에 제출했다. 제출 서류는 법원 제출
서류 접수 내용에 기재되는데, 이를 보면 뿌듯한 마음이
든다. 밤새워 작업한 일이 진행되고 있음을 확인했을 때
느끼는 쾌감. 하지만 이는 성취감은 아니다. 모든 이의
노력이 성취감으로 이어질 수 있을지는 확신할 수 없다.
판사들이 정신을 좀 차리면 좋겠다.

2020.9.21.

법원에 n빈방 모방 가해자 신▦승의 탄원서를
내러 갔다. 신▦승은 내가 가해자 팔로업 목록에 추가한
가해자이기도 하고, 탄원서도 제안하고, 제출까지 직접 하게
돼서 힘든 것과 별개로 뿌듯함도 있었다. 하지만 신▦승의
탄원서 때문에 받은 스트레스로 머리카락이 지금 560개가량
빠졌다. 이날 이후로 일은 적당히 해야겠다는 생각을 드디어
했다. 과연 가능할지는 의문이지만.

친구들을 못 만난 지 오래됐다. 친한 친구들만 보는
SNS 계정이 있다. "행복하세요"라고 글을 올렸다. 친구들이

"▓▓이도, 울 ▓▓이 하고 싶은 거 다 해" "하고 싶었던 걸 처음 했을 때의 기쁨과 설렘을 자꾸 잊네요"라는 댓글을 달았다. 친구들이 보고 싶어졌다. 항상 나에게 좋은 말만 해주는 친구들. 친구들과 지냈던 일상이 그립다. 학교도 바쁘고 활동도 바쁘니 못 본 지 오래다. 지금은 eNd팀이 내 인생에 가득 차 있다.

　　조금만 들뜨면 오버하고 실수를 한다. 항상 조심하고 차분하자. 지치지 말고 끝까지 연대해야 한다. n번방 사건에 지칠 때면 아이패드를 꺼낸다. 그것을 뒤집어 케이스 안에 넣어놓은 스티커들을 본다. 난 최후의 방이 사라지는 그날까지 피해자와 함께 싸울 것임을 다짐한다.

2020.9.22.

　　밖에서 수업 듣는 게 슬슬 눈치 보인다. 하지만 신▓승 선고 날이라 법원 출근을 해야 했다. 나는 SNS 업로드를 담당하고 있다. 내가 직접 선고 재판을 방청할 때는 재판이 끝나자마자 선고 결과를 SNS에 공유하려 한다. 그래서 선고 전부터 작성을 해둔다.

> 판결 거지 같을 때 쓸 문안
>
> 지난 18일 많은 분의 엄벌 탄원서 제출에도 불구하고 오늘 재판부는 신▓승에게 징역 ▓년을 선고했습니다. 자세한 내용은 곧 재판 후기로 업로드될 예정입니다.

지난 18일 많은 분의 엄벌 탄원서 제출로 인해 오늘
재판부는 신██승에게 청소년 법정 최고형인 장기
10년을 선고했습니다. 자세한 내용은 곧 재판 후기로
업로드될 예정입니다.

하지만 둘 다 업로드되지 못했다. 감형으로 청소년 법정
최고형은 선고받지 못했지만, 판사는 판결문에서 탄원서
내용을 수없이 언급했다. 탄원서가 효력이 있었던 것 같다.
형량이 마음에 차지는 않지만 판사가 우리의 목소리를
의식하고 있다는 걸 느꼈다. 나의 활동이 의미가 없지는
않구나. 우리들의 활동이 미세하게나마 세상을 변화시킬 수
있구나.

신██승의 선고까지 이제 진짜 끝났다. 잘 가고
망해버려라.

지난 18일 많은 분이 엄벌 탄원서를 제출해주신
신██승의 선고가 방금 진행되었습니다. 징역 장기
7년+단기 3년 6개월을 선고받았습니다. 반면 부착
명령은 기각되었습니다. 자세한 내용은 곧 재판
후기로 업로드될 예정입니다. 탄원서를 제출해주신
모든 분께 감사의 말씀 전합니다.

2020.9.30.

n번방 말고도 성범죄가 너무 많아서 괴롭다. 활동하기 전에는 사실 뉴스에 기사가 나거나 여론이 떠들썩한 사건에만 분개했다면, 요즘은 더 많이 보인다. 재판 방청 가서도 당일 법정에서 진행되는 재판들이 다 성범죄라 암담하다. 다양한 연령대의 남성들이 너도나도 성범죄를 저지르고, 이들이 구속도 안 된 채로 재판이 진행된다.

2020.10.11.

문득 지금 내 일상들이 끝나면 내가 느끼게 될 감정에 대해 생각하게 되었다. 후련함도 있을 것 같고, 찝찝함, 서운함, 자유로움…… 어떤 감정을 가지게 될까? 처음 시작했을 때의 마음보다 지금이 훨씬 무겁고 깊어져서 예상이 잘 안 된다. 어쨌든 우리는 소멸을 위해 달리는 중이다.

2020.10.19.

운영진 되고 처음 한 오프라인 회의였다. 멸균님과 함께 처음 총대진이었던 박멸님이 팀을 나가게 되었다. 헤어질 때 박멸님이 힘내라며 안아주셨다. 눈물이 날 것 같은 따뜻함을 느꼈다. 뭉클했다. 힘내자.

내가 시위팀인 걸 아는 친구에게서 시위 안 하냐고 카톡이 왔다. 당장은 코로나 때문에 못 한다고 하니, 친구가 "▨▨▨▨은 1단계 되자마자 한다고 난리던데, 아쉽군"이라

보냈다. 나도 시위하고 싶다.

고절추단님이 정리하신 한겨레 인터뷰가 너무 감동적이었다. eNd 향후 계획을 묻는 질문이었다.

"eNd의 가장 가까운 계획은 코로나가 잠잠해지면 대규모 시위를 개최하는 것입니다. 또한 끝까지 피해자와 연대하여 가해자들이 엄중한 처벌을 받을 때까지 감시하기를 멈추지 않을 것입니다. 디지털 성범죄가 근절될 때까지 주목할 것입니다. 그렇게 종결지어지면, 해산하고 싶습니다. eNd가 활동하지 않아도 되는 날이 왔으면 좋겠습니다."

해산하고 싶다. 정말 진심으로.

2020.10.21.

9월 11일에 마지막으로 춘천에 가고 오랜만에 다녀왔다. 춘천에 가해자가 많아서 다 가고 싶은데 너무 멀다. 어쩐지 피곤하다 했더니 2시간 54분 자고 갔다. 근데 이게 그 전날보다 1시간 더 많이 잔 거다. 신기하다. 한 5년 전까진 엄마가 잠만 잔다고 잔소리했는데, 그때 많이 자둬서 다행이다.

이▓민 공판을 처음 참여했다. 처음인데 결심이라 아쉬웠다. 다음에 보자 이 쓰레기야.

법원 앞에 낙엽으로 만들어진 하트가 있었다. 보고 잠시 힐링했다.

2020.10.22.

판사가 조주빈에게 무기징역을 구형했다. 아무리 봐도, 누가 봐도 조주빈, 문형욱만 조지자 이거다. 그래……. 일단 둘이라도 조져라.

2020.10.26.

공부하느라 밤을 샜더니 21시 운영진 회의가 시작되기 전에 졸음이 쏟아졌다. 15분 타이머 맞추고 잠깐 잤다. (…) 연대 활동도 좋지만 내 인생도 챙겨야 한다. 어려운 것도 아닌데 이걸 왜 자꾸 까먹지?

2020.10.29.

시험 끝나고 춘천지법으로 달려가야 하는 날이었다. 발바닥님이랑 멸균님이 차 타고 학교 앞까지 데리러 와주셨다. 핼러윈이라고 귀여운 쿠키도 선물로 받았다. 춘천지법 가는 길은 너무 예쁘다. 하지만 그만 가고 싶다.

(…) 춘천지법 갈 때마다 춘천 민우회 분들을 만났던 터라 우리에게 식사를 사주려 벼르고 계셨나 보다. 민우회 분들이 저녁 사주셨다. 맥주도 마셨는데 너무 맛있었다.

원래 멸균님에게 재판 후기를 써달라고 부탁했지만, 집에 오자마자 빨리 쓰고 내일부터 마음 편하게 공부하자는 생각이 들어서 내가 썼다. 멸균님도 과제 더미에서 벗어나지 못하고 있다 해서 겸사겸사였다. 근데 문득 멸균님이 쓰고 싶었는데 내가 일을 뺏은 걸까? 싶어서 급하게 메시지를

보냈다. 그랬더니 일 도둑은 언제든 환영이라며 무죄
선고해주셨다.

2020.11.3.

학교 근처 인쇄소가 저렴하기도 하고, 인천지법
근처에는 인쇄소가 없어서 학교 근처에서 탄원서를
출력했다. 탄원서는 한 박스였다. 들고 대중교통 타고 가는데
사람들이 계속 쳐다봤다. 세 시간 걸려 인천지법 도착.

인천지법에 감동했다. 일단 팀명으로 서류 제출
접수해달라고 했을 때 담당 직원의 말이 인상적이었다.
"n번방 사건 관련해서 엄벌 탄원서 제출하러 오셨는데,
여러 분이 작성하신 걸 모아서 오셨거든요? 팀명으로
등록해달라는데 가능한가요?" 어딘가에 묻더니 가능하다고
전해주셨다. 제출 서류 목록에 'eNd'로 등록된 것도
좋았지만, '엄벌 탄원서'라고 등록된 것이 특히 좋았다.

2020.11.12.

7시에 일어나서 씻고 법원으로 향했다. 방청 동행은
참여 안 하려 했는데, 신청하신 몇 분이 약속 시간보다 조금
늦어서 내가 기다린다고 했다. 그분들이 재판에 관해 뭔가
물어보면 나도 모르는 게 많아 곤란할 거라 생각했는데,
막상 질문받으니까 술술 나왔다. 짬에서 나오는 건가
봐!(농담이다.)

2020.11.19.

안동 가는 날이다. 아침 7시에는 기차역 카페가 다 문을 안 연다. 그래서 호두과자 집에서 커피를 사고 나가려는데 사장님이 잠깐! 하더니 호두과자 하나를 건네주셨다. 기차에서 마스크 안으로 집어넣고 과제를 하며 갔다.

2020.11.24.

요즘 조주빈 선고 날 할 기자회견 준비하느라 정신이 없다. 기자회견 때문에 머리 터질 것 같은데 해야 할 내 일들도 계속 잊게 돼서 스트레스다.

2020.11.25.

갑자기 코로나가 심해져서 맨날 긴급회의하고, 기자회견 때 담당 경찰관한테 계속 연락하고 전화해야 한다. 원래 모르는 번호면 무조건 무시하는데, 경찰일지도 몰라서 다 받게 된다. 전화 받기 너무 싫다. 그래도 내 할 일이다. 어쩔 거야? 할 일은 해야지.

이번 기자회견 때 필요해서 소규모 시위 때 쓰던 물품들을 다 우리 집으로 옮겼다. 근데 그 안에 고구마가 있었다. 안녕. 벌레인 줄 알고 처음에 기겁했다. 발로 쳐보니 고구마라 다행이다.

2020.11.26.

기자회견 전까지 끝내기로 (혼자) 약속한 과제가

있어서 밤새 과제 하고 더 졸리기 전에 씻고 일찍 출발했다.
물품이 무거워서 택시 타고 법원까지 갔다. (…) 원래
기자회견 하기로 한 동문에서 예상치 못한 일이 있어서
정문으로 장소를 이동해야 했다. 코로나 때문에 집합 인원이
적어 내가 동문에 남아 오는 기자들을 정문으로 안내했다.
근데 우주님이 성명문 낭독 시작하면 기자 체크를 내가
맡아야 해서 성명문 낭독 1분 전에 부랴부랴 정문까지
뛰어갔다. 이 모든 상황에서 내가 어리버리해서 괴로웠다.

2020.12.6.

『한겨레21』에서 n번방 사건을 다룬 특집호가 나와서
바로 구매했다. 오늘 와서 읽었다. 릴레이 편지가 수록되어
있는데, 피해자분들이 연대자들에게 보내는 편지가 실렸다.
보고 울컥했다. 지쳐가다가도 다시 힘낼 수 있게 됐다.
우리가 한 인터뷰도 실렸다.

2020.12.31.

올해 하반기에는 eNd팀에서 열심히 일했다. 처음
시작은 그저 분노였지만, 점점 피해자들을 위해 더 하게 됐다.
그리고 나중에는 나를 위해 일했던 시기가 있다. 밤새 일하고,
피곤해서 아무 생각 안 하고 잠들기도 했다. 이 일로 나에
대해 부정적인 생각을 안 하게 되자, 더 하려고 했던 것 같다.
연대하기 전에는 몰랐지만, 연대에는 거창한 이유가
있는 것만은 아니다. 나를 위해서도 해야 하는 것 같다.

2021.1.15.

켈리 징역 8년 구형. 무죄 주장하는 개자식에게 검사가 고작 징역 8년을 구형했다. 짜다 짜. 얘 때문에 춘천지법 다니기 시작해서 마무리까지 보고 싶은데, 현생 때문에 갈 수가 없다. 더 이상 춘천지법에 갈 수 없는 인생이 되었다. 눈치 없는 현생. 탄원서 제출 때문에 1월 말에 가야 하니까 그걸로 위안 삼는다.

강훈 신상 공개 취소 소송 패소. 이 자식은 언제 신상 공개 취소 소송을 걸었는지도 모르겠다. 멍청한 놈. 양심이 있는 건지. 없는 거겠지. 성범죄자가 자신의 신상 공개가 인권침해라는 소리를 하고 있다.

최▒호 항소심 징역 2년 선고. n번방 가해자들 징역 너무 짜다. 얘도 2년 선고받았다. 공익근무하면서 피해자들 신상 정보 조주빈한테 넘긴 놈이다.

지금 26만 명 중에 얼마 되지도 않는 잡힌 가해자들, 조주빈 징역 40년 받은 거 빼고 다 15년 이하로 선고받고 있는데 n번방은 끝난 듯이 고요하다.

2021.1.23.

'n번방 원하는 엔딩 챌린지'가 시작됐다. 작년 말부터 시작된 시위 대체 프로젝트가 드디어 끝났다. 해방감이 든다. 처음 기획했던 프로젝트에서 온라인 릴레이 챌린지로 변경되고, 희망했던 시작 날짜까지 준비 기간이 짧아져서 다급했다. (…) 온라인 챌린지 팀은 11월 6일에 처음 개설됐다.

짧은 시간에 다 같이 진짜 많은 노력을 기울였던 팀이라
애착이 간다. 다들 고생이 많았다.

　　2021년도에는 가해자 전원이 처벌받고 사회가 제대로
돌아갈 조짐이라도 보이면 좋겠다. 피해자들은 일상으로
돌아올 수 있는 사회가 되고, 여성들이, 어린 여자아이들이
건강하고 안전한 세상에서 살 수 있었으면 좋겠다.

이 나라를 우리 함께 살아가기를

한국에서 태어난 여성인 나는 운이 좋게도 자라면서
직접적으로 성범죄에 노출된 적이 없다. 직접적인
성범죄라는 표현도 웃기긴 하다. 강간, 성폭행의 의미로
썼다. 지하철에서 느꼈던 불쾌한 시선과 신체 접촉, 공학
고등학교 축제 날 남학생들이 귀신 분장을 하고 누워 있는
나의 발을 만졌을 때의 불쾌함, 대학 축제에서 교내를 걷기만
해도 들었던 성희롱, 아르바이트 하며 들었던 성희롱 등을
내 기억에서 지울 순 없다. 한국에 사는 여성이라면 오늘
그런 일이 있었다고 친구나 가족들에게 털어놓고 욕을 한
다음 그저 잊으려 노력하는 수많은 성범죄를 나 역시도
겪으며 살아왔다. 이곳에서 살다 보니 점차 무뎌졌다.
하지만 잊히지는 않았다. 앞서 나열한 일들은 그 당시 상황이
생생하게 기억이 난다. 나는 운이 좋다고 했지만, 그렇다고

성범죄에서 자유로울 수는 없었다. 살면서 겪었던 크고 작은 성범죄들은 여전히 기억 한 자리에 남아 있다.

나는 활동을 하는 동안 피해자에게 동정심을 갖지 않으려 부단히 노력했다. 그동안 내가 뱉었던 한마디 한마디가 2차 가해가 될 수 있다는 것을 알게 되었다. 피해자를 위한 거라 생각했던 말들, 생각들이 사실 그 누구에게도 위로가 되지 않고 어쩌면 또 다른 가해일지도 모른다는 것을 배웠다. 운영진 회의를 거듭할수록 내가 한국 사회에서 세뇌된 사고를 피해자들에게 적용하고 있음을 깨달았다. 깨달을 때마다 뒤통수를 얻어맞는 기분이었다. 이후에는 언행뿐만 아니라 생각도 스스로 통제하고자 했다. 재판 후기를 작성할 때 쓰는 문구들을 여러 번 검열하고, 검열하는 이유를 계속 머리에 새기고자 했다. 무의식중에라도 그러한 생각을 하지 않고자 노력했다. 예를 들어 '피해자들에게는 씻기지 않는 상처다. 평생 잊히지 않는다' 같은 부정적인 어구를 사용하지 않으려 했다. 피해자의 고통은 내가 재단할 영역이 아니다. 물론 잊히지 않을 수도 있지만, 잊힐 수 있다. 아니 잊었으면 좋겠다. 왜 피해자가 아픈 세상에서 살아야 하는가. 피해자가 일상에서 평범하게 살아가기를 간절히 바란다.

내게 남은 건 결국 감사함이다. 이제 피해자들을 생각하면 고마운 마음뿐이다. 무언가에 저항한다는 것, 특히 그것이 잘못된 관습일 때, 이 길은 더욱 힘들 것이다. 이런 길을 가는 데에는 용기가 필요하다. 피해자들은 용기를 가득 내준 사람이다. 어려운 길을 포기하지 않고 가준 그들에게 감사하다. 누군가의 용기 뒤에는 또 다른 이들의 용기가 더해질 것이다. 그렇게 우리는 여럿이 된다. 세상이 그저 밝지만은 않겠지만, 순간순간의 행복한 기억으로 같이 살아가자고 손 내밀고 싶다. 항상 행복할 순 없지만, 조각조각 모아보면 내년에는 또 올해를 추억하며 살아갈 수 있기를 바란다. 아프지 말고, 아파도 같이 이겨내며 무던히 살아갈 수 있길 바란다.

디지털 성범죄를 끝장내겠다는 포부를 담아 팀 이름을 엔드(eNd)라고 지었다. 그런데 eNd팀 활동이 먼저 일단락을 짓게 되었다. n번방 가해자들의 재판을 지켜보면서 몸과 마음이 아팠다. 그러나 형사재판 과정을 자세히 알게 될수록 피해자들이 이곳에 왜 직접 오기 어려울 수밖에 없는지 그리고 왜 누군가는 피해자의 편에서 이 과정을 감시하고 기록해야 하는지를 거듭 실감할 수밖에 없었다.

n번방 사건이 공론화된 2020년과 마찬가지로 지금 이 순간에도 많은 가해자가 재판에 넘겨지지 않거니 집행유예를 선고받아 풀려난다. 때문에 우리가 이 사건을 잊지 않기 위해, 잊지 않는다고 말하기 위해 이 기록을 내어놓는다. 가해자를 마구잡이로 사회에 풀어놓는 경찰, 검찰, 사법부에 목소리를 내고 지금까지 해왔던 것처럼 각자의 방식으로 연대한다면 26만 명의, 그 이상의 수많은 성범죄자가 감히 자신은 처벌받지 않으리라 장담하는 이 끔찍한 반복을 끊어낼 수 있다.

디지털 성범죄는 끝나지 않았다. 아직 아무것도 끝나지

않았다. 팀 eNd의 공식 활동은 끝났지만 우리도, 늘 그랬듯 각자 개인의 자리에서 최선을 다해 싸울 것이다. 아마 살아 있는 동안에는 절대 끝나지 않는 싸움이다. 그래도 언젠가는 승리할 것이다.

글재주가 부족한 우리 팀의 활동기가 책으로 출간되도록 방향을 잡아주시고, 지난한 여정을 함께해주신 봄알람 출판사에 감사드린다. 바쁜 일정에도 불구하고 진심 어린 추천의 글을 작성해주신 연대자D님, 정확한 팩트 체크를 도와주신 리셋과 추적단 불꽃에도 고마운 마음을 전한다.

우리 사회에 뿌리 박힌 여성혐오 그리고 끊이지 않는 여성 대상 범죄들을, 우리 각자 살아가면서 함께 직시하고 목소리를 내자. 그렇게 함께 살아갈 여성들을, 우리를 항상 응원하겠다.

연대자D

나	거짓말입니다.
판사	누구십니까.
나	피해자입니다.
일동	…….

"누구십니까?" 2011년 한 재판에서, 방청석 맨 앞에 앉아
피고인 변호인의 변론에 항의한 내게 재판부가 던진
질문이었다. "피해자입니다." 답변을 했을 때 순간 법정 안에
흐르던 정적을 10년이 훌쩍 넘은 지금도 기억하고 있다. 강간
등 성폭력 사건 1심 재판이었다. 평일 대낮, 피고인(가해자)
불구속 상태로 진행되는 성폭력 사건, 증인신문도 아닌
공판을, 설마 피해자 본인이 방청하고 있으리라는 생각을
판사도, 검사도 하지 못한 것이다.

　　2010년 발생한 성폭력 사건을 경찰이 불기소 의견으로
검찰에 송치한 후 나는 제정신이 아니었다. 당시 불기소
의견으로 송치된 성폭력 사건을 검찰에서 뒤집는 것은 극히
어려웠고 게다가 지연고소[+]를 했기 때문에 물증 확보도 못

하고 진술로만 싸워야 했던 사건이라 다들 내게 불가능할 것이라고 했다. 나는 일을 그만두고 경찰의 판단을 뒤집기 위해 온 힘을 기울였다. 일상은 망가지고, 사람은 떠나고, 독과 악만 남았다. 내가 내가 아닌 것 같았다. 그렇게 고소 후 10개월 정도가 지나서, 사람들의 예상을 깨고 불구속구공판[+] 처분을 받았다. 축하의 말은 듣지 못했지만.

　　　한 번 수사기관에서 부정당했던 터라 나는 재판에서 내 피해를 입증하기 위해 매 공판을 방청하기로 결정했다. 가해자가 불구속 상태였기 때문에 법원에서 마주칠 수 있는 위험(실제로 증인신문을 하던 날 같은 엘리베이터를 타기도 했다)에도 불구하고, 가해자의 역겨운 얼굴을 봐야 하는 고통을 감수하고 난 법정에 있었다. 그러자 다들 신경을 쓰기 시작했다. 공판 검사는 내게 사건 관련 자료 등을 더 요구하거나 필요한 것이 있는지 물어봤고, 재판부는 공판 도중 궁금한 게 있으면 내게 직접 질문을 하거나 필요한 자료를 내라고 말하기도 했으며, 피고인 측 변호인은 변론을 빙자해 내 개인정보를 유포하거나 인신공격을 했지만 그때마다 내가 항의를 하자 점차 말을 다듬었다.

　　　당시의 나는 피해자가 공판을 방청하고, 재판 관계인이 피해자를 의식하는 이런 그림이 특이한 사례일 거라 여기지 않았다. 돌이켜 생각할 때마다 당시 방청석에 내가 있지 않았다면 재판이 어떻게 진행되었을지 아찔하다. 피해자의 말이 가 닿기 어려운 형사재판의 특성상 '라포' 형성은 피고인과 재판부 사이에서 이루어진다. 그런 상황에서 내가

＋　　가해자가 불구속 상태에서 정식 재판을
　　　받는 것

없이 재판이 진행되었다면 사람들의 예상처럼 무죄이거나
징역형의 집행유예일 수도 있었다. 하지만 나의 방청이
분명 어떤 변화를 만들었다. 선고일이 되었고, 지인들과
자신만만하게 법정에 들어선 가해자는 당일 실형을 선고받고
법정구속되어 끌려나갔다.

피해자 소외

"피해자는 당사자가 아닙니다."

성폭력 피해자였을 때, 수사와 재판에서 피해 당사자인
내가 왜 소외되냐고 질문했을 때 전문가들이 한 답변이다.
그것이 합당하냐고 질문했을 때는 '형사사법절차는 국가의
형벌권에 대한 것이기 때문에 어쩔 수 없다'는 얘기만
들었다. 형사재판에서 피해자는 당사자가 아니기 때문에
증인신문을 할 때가 아니면 방청석에 앉아야 하며, 당사자가
아니기 때문에 수사 및 재판 기록물에 대한 접근 권한도
적고, 당사자가 아니기 때문에 발언에도 제약이 많았다. 나는
피해를 회복하고 일상을 다시 만들어가야 하는 사람인데
국가는 피해자인 내가 당사자가 아니라고, 때문에 절차에
참여하는 데 한계가 있다고, 그걸 감내하라고 했다. 범죄에
대한 입증은 검사의 몫이니 나는 빠지라고 했다. 그렇지만
혐의 입증에 필요할 때는 취조에 가까운 신문을 또 견디라고

하더라. 왜 성폭력 재판이 '피해자 재판'인지를 사무치게 체감했다.

현재 형사사법절차에서 당사자는 국가 권력인 검사와 피고인이다. 양 당사자의 무기는 평등(대등)해야 하기 때문에 피고인은 형사사법절차에서 많은 권리를 부여받는다. 방어권과 반대신문권, 변호인 조력권, 각종 수사·재판 기록물에 대한 열람·등사권 등 능동적 주체로서 재판에 참여할 수 있다. 그에 비해 피해자의 재판 참여권은 한정되어 있다. 최근 피해자 진술권(이도 의견진술에 한정된다) 보장 등 변화의 움직임이 보이고 있으나, 여전히 재판부 재량에 맡겨진 측면이 많기 때문에 어떤 재판부를 만나느냐에 따라 피해자가 참여할 수 있는 정도는 천차만별이다.

재판 기록에 대한 열람·복사만 놓고 보더라도 어떤 재판부는 피해자가 신청하면 거의 대부분을 허가하지만, 어떤 재판부는 공소장과 판결문 정도를 제외하고 불허한다.(심지어 피해자 본인의 증인신문조서 열람·복사도 불허할 때가 있다.) 피해자 의견진술의 경우 이를 피해자에게 알리지 않거나 실제 피해자가 의견진술을 하겠다고 나서면 귀찮아하고 제한을 두기도 한다. 2011년 성폭력 피해자가 자살하는 사건이 발생한 뒤 법원은 성폭력 피해자를 특별 증인으로 선정하고 여러 보호 절차(증인신문 전후 동행 및 보호, 신뢰관계인 동석, 비공개심리, 피고인과의 접촉 차단 등)를 마련하고 있으나, 이도 재판부마다 적용하는 형태가 다르다. 이렇게 이루어지는 형사재판에서 피해자는 주변적·수동적 존재로 전락한다. 피해 당사자의 형사재판 모니터링이 필요한 이유다.

피해자의 편에서 재판을 지켜보는 사람

수사와 공판이 분리된 상태에서 공판검사는 사건 파악도 제대로 하지 않고 재판에 임한다.[+] 피고인 측 변호인은 방어권을 내세워 피해자에 대한 허위사실 유포 및 인신공격을 서슴지 않는다. 공판검사나 재판부는 이를 제지하지 않는다.

　　내 사건이 진행되는 동안 매 공판 방청을 하며 스스로 기록해야만 했던 이유다. 재판이 시작된 후 변호사에게 도움을 요청했을 때 변호사들은 내게 '자신들이 실질적으로 할 수 있는 일이 없다'고 했다. 그래서 내가 했다. 매 공판이 끝난 후 의견서와 탄원서를 작성해 제출했고, 법정에서 직접 질문에 답하기도 했으며, 차폐막마저 거부하고 대면 상태에서 증인신문을 견뎠다. 그러나 이게 적절한 사례인가? 피해 자체만으로도 힘들었던, 수사 과정에서 의심에 내몰렸던 피해자에게 재판마저 직접 하나하나 다 방청해 기록하며 문제 제기를 하라는 건 정말 가혹한 일이다. 구속 재판이 아닌 경우 형사재판은 3심까지 몇 년이 걸릴 수도 있다. 나는 가해자가 1심에서 구속되었기

[+] 2022년 이후 검찰은 공판에 충실히 참여하겠다고 여러 지침을 내놓고 있지만 여전히 편차가 크다.

때문에 다행히 3심까지 2년 안에 마무리했지만, 연대했던 다른 피해자들의 경우 5년 정도 걸린 사례도 있다. 이 기간을 나처럼, 피해자에게 모든 일을 포기하고 법정으로 달려와서 지켜보라고 하는 게 합당한가?

재판에 적극적으로 참여하기를 원하는 피해자에게는 당사자로서 재판 방청을 하는 것이 어떤 의미인지 전한다. 그러나 재판 방청을 하겠다고 결심했던 피해자들도 재판이 진행되면서 가해자(피고인)를 계속 봐야 하는 상황, 변론을 빙자한 인신공격 등을 견디지 못해 중도에 포기하곤 했다. 그래서 2014년 이후 연대자로 활동하면서 나는 내가 연대하는 사건들의 재판을 방청하기 시작했다. 내가 재판 과정을 보고 듣고 기록할 테니 피해자에게는 쉬라고 했다. 그게 내가 시작한 재판 모니터링의 초기 모습이다.

연대 활동 초기에는 성폭력 피해자와의 일대일 연대에 집중했다. 그러다 점차 여성 대상 폭력·살인 사건 재판을 전국 법원에서 방청하는 형태로 그 범위를 넓혀갔다. 2016년부터 1년 정도 프로젝트 팀에서 활동하면서 트위터 계정에 재판 일정 등을 게시했다. 그 과정에서 기존에 진행 중이었던 시민단체 내 재판 모니터링 교육 등에 대한 아쉬움을 담아 재판 모니터링에 연대의 의미를 더한 '방청연대'라는 말을 만들었다. 일반인도 참여할 수 있게 피해자와 연대한다는 의미를 더하면 재판 모니터링이 시민들의 '사법감시운동'으로 자리 잡을 수 있을 것이라고 판단했기 때문이다.

2015년 사회운동계 내부에서 각종 성폭력·교제폭력 피해 폭로가 있었고, 2016년 10월부터 문화·예술·체육계 등에서 발생한 성폭력 피해 고발 해시태그(#○○계_내_성폭력) 운동이 이어졌으며, 그것은 2018년 1월부터 사회 전 분야의 미투(나도 고발한다) 운동으로 확장되었다. 이 과정에서 많은 피해자가 신고·고소를 했고 동시에 가해자로부터 보복성 고소를 당하면서 피해자들의 형사사법절차에 연대하는 이들이 늘어나기 시작했다.

2017년 '조덕제 성폭력·무고 사건'부터 '방청연대'는 관련 기관에서도 적극적으로 활용하는 용어로 자리 잡았으며, 2018년 안희정, 이윤택, 이재록 등 사회 각 분야의 성폭력 사범들에 대한 재판에서는 기관 관계자들뿐만 아니라 일반인들도 방청연대에 힘을 보탰다. 나는 일련의 흐름이 매우 중요하다고 판단해 트위터 계정을 통해 각종 여성 대상 폭력·살인 사건의 재판 일정을 지속적으로 게시했다. 특히 피해자 중심의 자극적이고 부적절한 언론 보도 관행에 문제를 제기하기 위해 가해자 이름(외부로 사건이 알려진 경우 실명 전체를, 아닌 경우 성과 이름 초성을 적는 방식을 택했다)을 내건 사건명을 만들고 법원 및 법정 호수 등을 구체적으로 올리기 시작했다. 그 과정에서 가해자 측으로부터 명예훼손 등으로 고소하겠다는 협박을 받기도 했는데,[+] 결과적으로는 이를 감내하기로 결정하고 오히려 더 적극적으로 알렸다. 고소당하면 '사실적시 명예훼손으로

+ 한국은 형사사법절차에 '사실적시 명예훼손'이 남아 있는 몇 안 되는 나라다.

179

고소당했다'는 사실마저 알리면서 활동을 지속하고자 했다.

'디지털 성범죄 강국'의 여성들

2015년 이후 익명의 여성들, 특히 디지털네이티브
세대 중심으로 반(反)디지털성폭력운동이 활발해졌다.
당시 디지털 성범죄 영상물은 '야동' '포르노'로 불리고
있었고, 수사는 부실했으며, 법원은 선처를 남발했다.
디지털성폭력이 범죄라는 인식이 약했던 그때, 디지털
성범죄 영상물을 개인적 욕망 충족이나 수익 창출을 위한
수단으로 활용하던 범죄자들이 판을 치던 그때, 여성들이 그
견고한 판을 깨기 시작했다.

　　'절대 못 없앨 것'이라는 각종 비아냥 속에
'소라넷 아웃'이 등장했고, 2016년 회원 수 100만의
거대 디지털 성범죄 사이트 '소라넷'은 사라졌다.
DSO(디지털성범죄아웃)와 한국사이버성폭력대응센터가
차례로 만들어져 민간 중심의 반디지털성폭력운동이
체계를 갖추기 시작했으며, 형사사법절차에
'디지털성폭력(성범죄)'이라는 용어를 끌어왔다. '웹하드
카르텔'의 정체를 밝혀 기성세대가 디지털 성범죄를 통해
부를 창출하는 구조를 고발했고, 디지털 성폭력 수사 및
재판에 활동가들이 본격적으로 참여했다.

2018년 '홍대 불법 촬영 사건'을 기점으로 반디지털성폭력운동은 오프라인 시위 '불편한 용기'로 확대되었다. 여성들이 광장에 나오니 그제야 국가가 움직이는 시늉을 했다. 디지털성폭력 피해자 지원 센터가 만들어지고, 디지털 성범죄 근절을 위해 수사기관과 법원이 노력할 것이라는 말도 끌어냈다. 그러나 그것으로는 부족했다. 활동가들은 번아웃에 빠졌고, 오프라인 활동은 제약이 많았다. 그 사이 회원 수 122만의 성착취물 사이트인 'AVSNOOP'의 운영자와 전 세계 아동을 대상으로 한 사상 최악의 성착취·성폭력 사이트 '웰컴투비디오' 운영자는 아무도 모르게 징역 1년 6개월을 선고받고 복역 중이었다.

디지털네이티브(Digital Native)란, 급속히 변화하는 디지털 환경에 맞춰 디지털 장비와 언어를 자유자재로 사용하는 이들을 가리키며 통상 2000년 전후 출생한 세대를 의미한다. 디지털 인프라가 비교적 잘 갖추어진 한국에서 이 디지털네이티브 세대의 여성과 남성이 2015년 전후 각각 디지털 성범죄 피해자와 가해자의 가장 많은 수를 차지하고 있다. 웰컴투비디오 운영자 손정우는 1996년생, 'n번방' 운영자 문형욱과 '박사방' 운영자 조주빈은 1995년생, '프로젝트n방' 운영자들은 2000년대생들이다. 디지털네이티브 세대 남성들은 어릴 때부터 소위 '지인능욕'[+] 등을 하나의 놀이문화로 인식해 죄책감 없이 가해를 저지르고 있다. 동시에 이 '놀이'가 피해자들에게 고통이 될 수 있음을 인식하고 행한 것으로 볼 때 범죄임을

몰랐다기보다 본인이 '잡힐 줄 모르고' 행한 것이다. 그들은
개인적인 욕망을 충족하거나 수익을 창출하기 위해 다양한
방식으로 디지털 성범죄를 자행했고 결국 한국은 디지털
성범죄국이라는 오명을 얻었다.[7]

디지털네이티브 세대 남성들이 가해를 일삼는 동안
같은 세대 여성들은 피해자 중 다수로서 고통을 겪으면서
반디지털성폭력운동에 적극 참여하고 있다. DSO 전
대표였던 박수연(활동명 하예나) 씨는 1997년생, 추적단 불꽃
활동가 박지현(활동명 불) 씨는 1996년생이며 리셋, eNd팀의
활동가들 상당수도 10~20대 여성들로 구성되어 있다. 즉,
피해자 집단인 그들이 고통을 딛고 직접 범죄에 맞서고
있는 것이다. 한국 반디지털성범죄운동의 선두에서 다양한
국가의 활동가들과 연대하는 흐름 역시 이들이 만들어낸
것이다.

#n번방은_판결을_먹고_자랐다

2019년부터는 본격적으로 반디지털성폭력운동에 힘을
보탰다. 이미 2015년 이후 활동가들과 연계하고 있었으나,
2019년에 사법 시스템과 관련한 여러 문제와 변화 움직임이
동시에 포착되었기 때문이다. 활동가들의 번아웃과 활동
단체 내외부의 문제들로 민간 중심의 반디지털성폭력운동이

주춤한 사이 한국의 수사기관과 법원은 디지털 성범죄자들에 대한 수사와 재판을 소홀히 하며 성범죄자들을 양산 중이었다. 그 과정에서 많은 피해자가 고통을 받다가 죽음으로 내몰렸다. 이들의 죽음은 '극단적인 선택'이 아니라 '사회적 타살'이다. 나는 그런 피해자들의 사건을 따라가며 고민에 빠졌다.

『한겨레』 기사를 통해 "성착취 사이트의 운영자가 징역 1년 6개월의 실형을 선고받았다"는 소식을 접한 것은 2019년 봄이다. 유사 사건에서 으레 그랬듯 또다시 선처를 받았구나, 그렇게만 여기고 지나가기에는 무엇인가 계속 마음에 걸렸다. 활동가들을 통해 사이트 중심의 디지털 성범죄가 다른 플랫폼을 이용해 다시금 확산 중이라는 이야기도 들렸다. '웹하드 카르텔'로 처벌받아야 할 양진호에 대해서는 '갑질'의 죄만이 부각되어 수사와 재판이 진행 중이었고 현직 판사들이 다른 판사들의 판결 등에 개입하지 않는다는 관행을 깨고 일명 '레깅스 판결문'[8]에 문제 세기를 했다는 소식도 접했다. 그러나 만 4년 이상 본업과 연대 활동을 겸하면서 나도 건강이 급격하게 나빠져 활동 중단을 고려 중이었다. 쉬어야 한다고 생각했다.

그런데 2019년 10월 미 법무부의 공소장이 공개되었다. 웰컴투비디오 운영자 손정우의 범죄가 뒤늦게 낱낱이 알려진 것이다. 그때 봄에 스치듯 봤던 기사를 떠올린 나는 바로 인터넷 열람을 통해 손정우 1, 2심 판결문을 확보한 후 손정우라는 실명을 SNS에 공개했다. 이어 11월에 한겨레에서

'n번방'과 관련된 연속 기획 기사가 나왔고, 12월 리셋이 등장했다. 그 와중에 현직 판사로부터 제안을 받아 전국의 판사 스무 명 정도가 모인 자리에서 인터뷰를 진행했고, 그 과정에서 디지털 성범죄에 대한 법원 내부의 처참한 현실 인식을 알게 되었다. 쉴 수가 없는 상황이었다.

2020년 초 반디지털성폭력 활동가들(DSO, 리셋 전·현직 활동가들)을 판사들과 연계했다. 동시에 1월부터 활동을 시작한 eNd팀의 활동 방향을 지켜보던 중, 코로나가 전 세계를 휩쓸었다. 오프라인 활동에 많은 제약이 생긴 것이다. n번방 사건에 대한 사회적 공분이 커지고 국민청원이 이어지자 부랴부랴 수사기관, 법원, 정치권 등이 나섰다. 이 흐름이 일회성 관심에 그치지 않고 입법, 사법, 행정 등 사회 전체의 변화로 이어지게 만들어야 했다. 수사 및 재판 절차에 관련 정보를 제공하고 판결문을 분석하는 등의 작업에서 더 나아가 'n번방' '박사방' 등 텔레그램 기반 디지털 성범죄자들의 수사와 재판을 적극 추적하기 시작한 이유다.

이 당시에도 아동·청소년 대상의 '음란물'(이후 '성착취물'로 변경)을 제작할 경우 '징역 5년 이상 또는 무기징역'의 선고가 가능했다. 그러나 현실은 참담했다. 수사 기관은 '남자라면 그럴 수 있지'라며 피의자들에게 이입했고 '텔레그램은 해외 거라 수사가 안 된다'라며 피해자들에게 포기를 강요했다. 법원은 가해자들에게 '징역 3년 이하'[+]로 선처를 거듭했다. 문형욱이나 조주빈 등 가해자들이 잡히지

    +   집행유예가 가능한 기준이다.

않을 것이라고 자신한 데에는, 잡힌다 하더라도 징역 3년 이하로 빠져나올 수 있으리라 생각한 데에는 이런 현실이 작용했을 테다.

유사 사건의 재판 결과가 알려지면서 '#n번방은_판결을_먹고_자랐다'라는 해시태그가 사회를 휩쓸었다. 그 말대로, 소위 'n번방'으로 대변되는 디지털네이티브 세대의 디지털 성범죄는 성착취물을 통해 수익을 창출한 기성세대가 기반을 만들고, 부실한 수사와 선처를 남발한 법원의 뒷받침으로 사회에 뿌리 박힌 것이다. 2020년에는 디지털성범죄에 대한 양형 기준조차 없었다. 관심은 쉽게 식는다. 감시가 없으면 수사기관과 법원은 언제든 이전으로 돌아갈 것이다. '남자가 그럴 수 있지'라며 범죄를 용인할 것이다. 그래서 시민들이 직접 법원으로 향했다.

끝나지 않는 디엔드(D–eNd)

eNd팀을 언제 처음 만났는지는 정확하게 기억나지 않는다. 전국 법원을 다니다 보니 그중 어디에든 있던 그들을 만나지 않았을까 추측한다. 코로나로 인해 시위를 열기 어려운 상황에서 활동의 방향성을 고민하는 그들에게 방청연대 및 방청기 게시 등을 권하고, 각 법원에서 만났을 때 관련 정보를 제공하는 정도가 초창기 eNd팀과 나의 협업 수준이었다.

그러다 2020년 봄 인천에서 열린 성착취물 재유포 사건의 재판에서 eNd팀을 다시 만났다. 사건에 대한 정보를 주고받으며 함께 재판을 방청한 후 사법연수원으로 이동했는데, 내가 이동한 후 eNd팀이 디지털 성범죄자 피고인의 가족들에게 폭언을 듣고 기록물을 강탈당하며, 사진까지 무단으로 찍히는 일이 발생했다. 남성인 피고인 변호인이 고압적인 어투로 법적 처벌의 가능성을 운운하니 막 활동을 시작한 eNd팀으로서는 대응책을 즉각 마련하기 어려웠을 거다. 이후 그 소식을 전해 듣고 분노하는 한편, 일반인들로 구성된 방청연대자들을 보호하고 원활한 재판 진행을 돕기 위한 방법을 고안했다. 곧 '재판 모니터링 교육' 프로그램을 만들어 eNd팀을 비롯한 일반인들에게 형사재판에 대해 알리기 시작했다.

eNd팀은 흡수가 빨랐고, 행동이 과감했다. 교육을 거친 뒤 그들은 바로 일반인 대상의 방청연대단을 구성했고, 본인들이 직접 교육을 진행하며 재판 모니터링을 확장해나갔다. 법정 앞에서 대기하던 중에 eNd팀이 방청연대를 위해 모인 일반인들을 대상으로 교육을 하며 인솔하던 모습이 여전히 잊히지 않는다. 여성 대상 폭력·살인 사건의 재판 일정을 알리고, 방청연대의 필요성을 역설하며, 관련 교육을 진행한 수년 동안 혼자였던 내게 eNd팀의 등장은 새로운 동력이었다. eNd팀이 SNS를 통해 재판 일정을 알리고 방청기를 게시하면서 나의 활동도 한층 여유를 얻을 수 있었다. eNd팀은 본인들이 재판 일정을 알리는 것을 혹시 내가 저어할까 봐 걱정을 내비치기도 했는데, 그럴 리가. 몸 하나로 연대하던 내게 서울, 수원, 인천, 춘천, 대구, 안동 등(군사법원에서도 마주쳤다)에서 열리던 디지털성범죄 재판 모니터링 팀이 있다는 것이 얼마나 위안이 되는 일인데 괜한 걱정을 한다고 했다. eNd팀과 재판 일정이나 관련 정보를 주고받으며 개인 연대의 한계를 일정 부분 극복할 수 있었고, 법원에도 시민들의 재판 모니터링 운동, 즉 방청연대가 기존의 인상비평 수준에서 나아가 형사사법절차에 대한 본격적인 감시, 기록, 목격의 형태로 발전 중임을 전할 수 있었다. 판사가 직접 언급했듯, 법정에 시민들이 들어오면 재판은 달라진다.[9] 판사, 검사, 피고인, 피고인 변호인, 피해자 변호사 모두 태도부터 차이를 보인다.

　　eNd팀의 방청기가 발선하는 모습을 보는 것도 내게는 반갑고 즐거운 일이었다. 초창기 감정적 측면(나는 이런 부분도 중요하다고 생각한다)에 집중했다면 이후 절차적 측면에서 다양한 문제 제기를 해나가는 모습을 보였는데, 이게 바로 시민들의 사법감시운동의 긍정적 방향 중 하나가 아닐까 한다. 관련자가 아닌 일반 시민의 입장에서, '전문가들의 전용 놀이터로 전락했다'는 평을 받던 형사사법절차에 문제 제기를 한다는 것 그리고 그런 평가에 대해 법원 내부에서도 (모자라지만) 성찰을 시도한다는 점이 eNd팀이 이룬 성과 중 하나라고 생각한다.

2022년 들어 eNd팀은 숨을 고르고 있다. 2020년, 2021년처럼 활발하고 적극적인 달리기를 하지 못하더라도, 숨을 고르며 천천히 걷는 것도 연대의 하나임을 잊지 말았으면 한다.

정의의 여신으로 불리는 '디케'는 통상 눈을 가리고, 오른손에는 칼을, 왼손에는 천칭을 들고 서 있다. 다만 한국 대법원에 있는 디케는 눈을 가리지 않은 채 오른손에 천칭을, 왼손에는 법전을 들고 앉아 있는 모습이다. 이와 관련해 여러 해석이 있지만, 현재 이 나라 법원의 모습을 생각하면 '법조문에 의존해 사사로운 감정을 바탕으로 판단하되, 높은 위치에서 내려다보는 권위는 갖고자 하는 법관들의 부정적인 모습을 형상화했다'는 해석이 더 와닿는다고들 한다.

그러나 우리의, 여성들의 활동으로 디케 또한 변화할 것이다. 눈은 실체적 진실을 발견하거나 편견에 휘둘리지 않게, 저울은 기울어진 지형을 반영해 조정하고, 칼은 더욱 냉혹하게 휘두를 수 있게 말이다. 디케는 앉아서 아래를 내려다보는 대신, 내려와 피해자의 손을 잡아야 한다. 피해자를 소외시키는 형사사법 절차는 '공정'하지도 '정의'롭지도 않다. 피해자들이 디케가 상징하는 공정과 정의를 믿고 법원에 올 수 있게 되기를 바란다. 피해자들에게 말하라고 강요하는 대신 그들의 말을 듣기 위해 법원이 변해야 한다. 피해자가 형사사법 절차에서 주체로서 설 수 있게 시스템의 근본부터 돌아봐야 한다.

그래서 '우리'는 계속 법원으로 간다. 시스템이 피해자, 약자, 소수자를 위해 존재하도록 여성들의, 시민들의 사법 감시운동은 이어질 것이다. 그러기 위해서라도 우리 살자. 악착같이 살아남자. 완벽할 필요도, 무결할 필요도 없다. 서로 다툴 수도, 실수할 수도 있다. 그 모두를 안고서 우리 각자의 속도대로 이 길을 계속 걷자. 우리는 많은 것을 바꾸어왔고, 바꾸고 있으며, 앞으로도 바꿀 것이다. 당신의 곁에 내가, eNd가 있겠다.

1 n번방 사건 가해자 재판 방청연대 및 방청 후기 작성

- ‣ 최초 업로드: '로리대장태범' 공판 (2020.1.16. ~ 2021.8.19)

---

2 n번방 사건 가시화를 위한 카드뉴스·이미지·웹툰 제작 및 배포:
n번방·가해자의 범죄 수법 등의 요약정리 (이하 괄호 안 날짜, 모두 2020년)

- ‣ "n번방은 뭐야?" 카드뉴스: n번방과 그 가해자들의 범죄 수법 등
  요약정리(3.4) / 중국어 번역본 배포(4.1) / 영어 번역본 배포(4.12) /
  일본어 번역본 배포(4.19) / 독일어 번역본 배포(6.12) / 스페인어 번역본
  배포(6.30)

- ‣ "국가가 닫은 방문, 열쇠를 반환하라" 텔레그램 성착취
  인물관계도(3.23)

- ‣ "당신이 움직이면 바뀝니다" n번방 사건에 대한 연대 요청 웹툰(3.24)

- ‣ "막을 수 있었던 범죄, 누가 외면했나" 카드뉴스(4.5)

- ‣ 텔레그램 성착취 인물관계도 추가(4.17)

- ‣ 'n번방 성착취 강력처벌 촉구시위' 사용 가능 프로필 사진 제작:
  텔레그램 성착취 사건에 대한 지속적인 연대의 취지(4.26)

- ‣ '이 새낀 뭐 하는 새끼야?' 엄벌 릴레이 탄원을 위한 가해자별
  범죄 사실 정리 카드뉴스: '와치맨' 전■준(6.23) / '흑통령'
  신■관(6.29) / '잼까츄' 강■서(8.29) / '윤호TM' 백■찬(9.18) /
  '이기야' 이원호(9.25) / '코태' 안승진(10.9) / 'A~E군' 정■석, 제■민,
  고■영, 조■재, 노■준(10.10) / '갓갓 공범' 김■영(10.14) / '갓갓'
  문형욱(10.24) / '태평양' 이■민(11.6) / '프로젝트n방 공동운영자'
  이■민(11.20) / '켈리' 신■희(11.29) / '영강(영어강사)' 배준환(12.6) /

'김승민' 한▩훈(12.13) / '조주빈 공범' 남경읍(12.20)

- ‣ '단 한 놈도 일상으로 돌아갈 수 없다' 가해자 범죄와 재판 현황,
  문제 상황에 대한 민원 방법 요약 카드뉴스: '갓갓 공범' 신▩호(6.15) /
  '트럼피' 윤▩동(9.3) / '갓갓 공범' 박▩준(9.15) / 'n번방 유사 범죄자'
  신▩승(9.15)

- ‣ 방청연대 도모를 위한 'n번방 가해자 재판일정' 주차별 업로드
  (10.23~현재, 매주 토요일)

- ‣ '연대를 탄원서로 표현해주세요' 카드뉴스: '탄원서를 꼭 작성해야 하는
  이유' '탄원서 더 똑똑하게 작성하기'

- ‣ '앗! 대한민국 성범죄 처벌 계란 훔친 범죄보다 싸다!!!' '성범죄자 형량!!
  고작 2/년/6/개/월' 스티커: 여성주의 공간 배포

- ‣ "eNd는 가해자 전원의 엄정 처벌을 촉구합니다" 웹툰(11.19)

3 n번방 사건 관련 성명문·규탄문 작성

- ‣ 「국회청원 1호는 본회의를 통과하지 않았다」: 국회청원 1호인
  '텔레그램에서 발생하는 디지털 성범죄 해결에 관한 청원'에 대한
  입장문(3.8)

- ‣ 「텔레그램 성착취 사건의 피의자 조씨의 신상을 공개하라」: 텔레그램
  성착취 주범 '박사'의 신상 공개 요구 성명문(3.18)

- ‣ 「경찰청 기자회견 성명문」: '박사'와 '와치맨'을 포함한 가해자
  전원의 강력 처벌 촉구와 신상 공개, 법 제정, '갓갓' 수사 요구에 대한
  입장문(3.25)

- ‣ 「'그것이 알고 싶다' 1208회의 내용을 규탄한다」: SBS '그것이 알고
  싶다'의 「은밀한 초대 뒤에 숨은 괴물—텔레그램 '박사'는 누구인가」
  서사, 연출 규탄문(4.1)

- ‣ 「n번방 운영자 '켈리' 징역 1년 확정 규탄문」: '켈리' 징역 1년 선고에
  대한 규탄과 보강 수사 진행 촉구문(4.26)

- 「텔레그램 성착취방 운영자 '잼까츄' 측 인천지법 공판 "방청연대 위협 사건"」 'eNd' '여성의당 인전광역시당' 힙동 성명서: 5월 19일 인천지법 '잼까츄' 공판 당시 방청연대인을 향한 피고인 측의 욕설, 수기 기록 강탈, 불법촬영 건에 대한 성명문
- 「대한민국에 정의란 없다」 손정우 미국 송환 불허 규탄 성명문: 기자회견 낭독(7.7) / 영어 번역본 배포(7.9)
- 「사법부는 공범 아닌 주범이다」 손정우 미국 송환 불허 2차 규탄 성명문: 기자회견 낭독(7.10)
- 「n번방에서 감방으로―그 방에 입장한 너희는 모두 살인자다」 1차 소규모 시위 성명문(7.25)
- 「성범죄 재판의 공개 결정은 피해자 고유의 권한이어야 한다」 8.18 서울지법 강훈 공판 2차 가해 재판부 규탄(8.29)
- 「가해자들은 피해자의 죽음을 손쉽게 가정하지 마라」 11.11 서울지법 최▧호 공판 피고인 측 2차 가해 규탄(11.15)
- 「아직 아무것도 끝나지 않았다」 조주빈 외 5인 선고 기일 엄벌 촉구 성명문: 기자회견 낭독(11.26)

4 n번방과 디지털 성범죄 관련 기자회견·피켓 시위

- '박사' 신상 공개 요구 기자회견(3.18)
- '박사' 검찰 송치 당일 종로경찰서 피켓 시위(3.25)
- '박사' 강력 처벌 촉구 및 와치맨 포함 관련 공모자의 낮은 형량 재판결, 갓갓의 수사 촉구 기자회견(3.25)
- 서울중앙지법 피켓 시위: 한▧훈, 조주빈 외 2인 재판일(4.29) / 천▧진 재판일(5.12) / 조주빈 외 2인 재판일(5.14) / 한▧훈 재판일(5.27) / 강훈 재판일(5.27) / 최▧호 재판일(6.12) / 천▧진 재판일(6.18)
- 인천지법 피켓 시위: 강▧서 재판일(5.19)
- 수원지법 피켓 시위: 전▧준, 신▧관 재판일(5.25)

- 창원지법 피켓 시위: 김▆훈 재판일(4.28) / 김▆훈 재판일(6.4)
- 춘천지법 피켓 시위: 배▆호, 류▆진, 백▆찬 재판일(5.1) / 배▆호, 류▆진 재판일(5.14)
- 대구고법 피켓 시위: 박▆희, 신▆호 재판일(6.10)
- 손정우 미국 송환 불허 규탄 기자회견(7.7)
- 손정우 미국 송환 불허 규탄 기자회견 2차(7.10)
- 조주빈 외 5인 선고 기일 엄벌 촉구 기자회견(11.26)

---

5 텔레그램 디지털 성범죄 근절 연합전선: 리셋, eNd 연합

- '박사'의 엄중 처벌 촉구 성명문 작성(3.22)
- 해시태그 릴레이 #우리가_여기있어_네잘못이_아니야 #n번방_따로없다_너희도_공범이다(4.5)

---

6 포스트잇·해시태그 연대 프로젝트: 지속적인 관심과 연대 촉구

- ['성범죄 사자성어: 가감피일' 가해자는 감옥으로 피해자는 일상으로] 포스트잇 이슈파이팅(5.7)
- [#잼까츄_계도불가_범죄에는_이유가_없다 #잼까츄_방청단위협_무서워서_방청가겠나] 해시태그 릴레이: 인천지법 방청단 위협 사건 공론화(6.15)
- [#사법부도_공범이다] 손정우 미국 송환 불허 규탄연대 포스트잇 퍼포먼스: 서울고등법원 동문 앞 현장 퍼포먼스(7.7)
- [#사법부도_공범이다] 손정우 미국 송환 불허 규탄연대 2차 롤링페이퍼·스티커·청원 참여형 퍼포먼스: 서울고등법원 동문 앞 현장 퍼포먼스(7.10)

7 팩스 총공

▸ '사법부의 결자해지를 기다린다' 대법원 양형위원회 팩스 총공: 엄중
처벌을 위한 디지털 성범죄 양형기준안 요구(5.18)

▸ 「탄원서—류원근 검사님께」: 문형욱 공범 신█호 집행유예 판결에 대해
담당검사에 상고장 제출 요구(6.15)

8 "디지털 성착취 가해자 엄벌 탄원 릴레이": 리셋, eNd, 화난사람들 연합

리셋에서 2020년 3월 24일 최초로 조주빈을 대상으로 한 시민들의
엄벌 탄원서를 모집하기 시작하여 2만 장가량을 모았고, 이후 5월 11일
eNd팀과 함께 '릴레이 탄원'을 시작

리셋 × eNd 1차 디지털 성착취 가해자 엄벌 릴레이 탄원(30명 총 279,518장)

안승진 9,037장, 배준환 6,067장, 강█서(잼까츄) 11,628장,
문형욱(갓갓) 19,315장, 전█준(와치맨) 11,144장, 정█석, 제갈█,
고█영, 노█준, 조█재(춘천중학교 동창) 416장, 백█찬(윤호TM)
2,999장, 김██(언급불가) 7,414장, 배█호(로리대장태범)
7,933장, 류█진(슬픈고양이) 7,671장, 천█진(랄로) 8,367장,
강█무(사회복무요원) 16,009장, 이█민(태평양) 15,609장,
조주빈(박사) 49,942장, 강█서(잼까츄) 항소심 931장, 이█민 항소심
3,254장, 신█관(흑통령) 11,165장, 류█진(슬픈고양이) 항소심
3,881장, 배█호(로리대장태범) 항소심 3,827장, 김█일(서머스비)
3,637장, 신█희(켈리) 11,340장, 한█훈(김승민) 12,202장,
강훈(부따) 25,550장, 이원호(이기야) 21,549장, 김█영 항소심 192장,
안승진 항소심 216장, 남경읍 8,078장, 조주빈 외 5인 항소심 145장

> **리셋 × eNd 2차 디지털 성착취 가해자**
> **엄벌 릴레이 탄원(2021년 11월 13일 기준)**

신███희(켈리) 항소심 1,754장, 하███우, 이███호(서울예대 불법촬영범)
2,393장, 강훈(부따) 항소심 885장, 남경읍 1심 추가 849장,
한███훈(김승민) 항소심 719장, 전███준(와치맨) 항소심 733장,
신███관(흑통령) 647장, 배준환(영강) 항소심 533장, 배███열(배준환
스승) 항소심 140장, 문형욱(갓갓) 항소심 1,401장, 김███수(온라인
스토킹, 불법촬영범) 662장, 이███섭(창원 맥도날드 탈의실
불법촬영범) 항소심 822장, 남경읍 항소심, 조주빈,강훈(강제추행
추가기소), 정대욱(가을방학 멤버, 폭행 및 불법촬영)

---

9   n번방 성착취 강력처벌 촉구시위

- 1차 소규모 시위(7.25): 성명문 낭독, 구호문과 노래 선창·후창, 시위
  참가자 성명문 낭독 및 상황극, 행진 등 퍼포먼스 진행

---

10   탄원서 모집·제출

- '트럼피' 윤███동 탄원서 긴급 모집(9.3~9.6), 총 116장의 탄원서
  제출(9.7)

- n번방 유사 범죄자 신███승 탄원서 긴급 모집(9.15~9.17), 총 112장의
  탄원서 제출(9.18)

- '갓갓 공범' 박███준 탄원서 긴급 모집(9.15~9.21), 총 88장의 탄원서
  제출(9.22)

- 가해자 이███현 탄원서 제출(9.23)

- 가해자 임███기 탄원서 제출(11.2)

11 재판방청 동행 프로젝트:
방청 경험이 있는 팀원들이 일반인들과 동행하여 공판을 방청하는
프로젝트, 서울, 인천, 대구(11.6~12.6)

12 n번방 사건 엄벌 촉구·가해자 재판 현황·피해자 지원 등에 대한 정보 공식
SNS 공유 및 n번방 사건·가해자 관련 뉴스 기사 아카이빙

13 모든 "n번방" 성착취자들에 대한 더 강력한 처벌을
촉구합니다(change.org) 영문 탄원서 서명(1,517명)

eNd팀 활동가(2021.05.17. 기준)

총대	웰빙 · 안개
디자인	발바닥 · 자몽소다 · 꾸애앵 · 바람 · 박해 · 오타쿠 · 얼그레이
안내	김낭
안전	순대
언론	우주 · 먕먕 · 블랙 · 햐르미
재판	고절추단 · 곤늪 · 모나 · 미디움 · 산해 · 스칼렛 · 시수 · 양파 · 유진 · 팔라 · 해달 · 감자 · 권태랑 · 녹차 · 단추 · 동동 · 멸균 · 미국희망 · 보토피아는여자들만이존재하는곳이야 · 봄이 · 서진 · 시나몬롤 · 양꼬치 · 엠비씨 · 한걸음 · Chloe · 뽀또
촬영	신레이 · 고절추단 · 새끼손톱 · 잭잭 · 루나 · 정의 · 치킨
해외홍보	빈스박스 · 츄르 · 코코부

[익명투표] 2020년으로 돌아가면 eNd에 다시 참여하겠다?

네	▮▮▮▮▮▮▮▮▮▮▮▮▮▮▮▮▮▮▮▮▮▮▮▮▮▮▮▮▮▮▮▮▮▮ 36명
아니오	0명

(미응답 9명)

디지털 성범죄 대처 방법[+]

법률전문가 도움받기

‣ 수사 과정에서 피해자의 진술이 불명확할 수 있고 어떤 정보를
고소장에 넣고 뺄지, 어떤 법 조항을 적용할지를 결정해야 하기 때문에
법률 전문가(변호사)의 조력이 필요합니다.

‣ 예를 들어 강간죄의 경우 사법 시스템에서 인정하는 강간은
폭행·협박을 구성 요건으로 합니다. 여기서 폭행·협박의 정도는
피해자의 반항을 불가능하게 하거나 현저히 곤란하게 할 정도여야
한다는 최협의설을 따르고 있습니다. 최근 성적자기결정권 등을 근거로
최협의설보다 완화해 강간죄 여부를 판단하는 판례도 있지만 수사관은
웬만한 폭행·협박을 강간죄 구성 요건의 폭행·협박으로 인정하려 하지
않습니다.

신뢰관계인과 동행하기

수사관과 마주하며 불필요한 추가 피해를 막기 위함입니다. 준비 없이
피해자 혼자서 수사기관에 가면 안 됩니다. 피해자 옆에 누가 있냐
없냐가 수사관의 태도에 영향을 미치기 때문입니다. 수사관의 역량에
따라 성범죄 피해자 지원 센터 연계가 가능하거나 불가능할 수 있으나,
성폭력 사건의 경우 피해자가 원하면 원칙적으로 신뢰관계인 동행 및
동석을 수용해야만 합니다.

수사 진행 상황 통지 의무

2021년부터 수사 진행 상황 통지가 의무 사항이 됐습니다. 수사관에게

[+] 출처: D의 파문(2021 온라인 세미나) 첫
번째—검경수사권 조정, 피해자와 연대자
입장에서 바라보기(2021.02.14.) 교육

우편, 이메일, 문자 메시지 등의 통지 수단 중 무엇으로 받을지 확인하면 됩니다. 수사 진행 시에 수사관과 자주 연락하기 곤란하거나 수사관이 통지 의무를 제대로 이행하지 않을 경우를 대비해 사건 번호를 확인한 후 형사사법포털(www.kics.go.kr)에서 수사 진행을 직접 확인할 수 있습니다. 단 검찰 단계에서는 아직 통지가 의무가 아니기 때문에 사건이 검찰로 넘어가면 수사 진행 상황을 통지해달라는 별도 요청을 해야 합니다.

수사 시 기록 습관 들이기

▸ 수사 과정에서 수사관은 메모장을 제공하고, 피해자 본인의 기록 행위를 막아서는 안 됩니다. 과정을 기록한 증거를 확보해두어야 수사 절차상 문제, 피해자 인권 침해가 발생하거나 추후 가해자가 피해자에게 문제 제기(무고, 모욕죄)할 시 해당 경찰서 또는 외부 기관으로 민원을 제기할 수 있습니다.

▸ 수사 단계에서 가해자를 피의자라고 부릅니다. 피의자(가해자)를 위한 자기변호 노트는 있으나 이에 준하는 피해자를 위한 자기 보호 노트는 없습니다. 2021년부터 시범적으로 피해자 자기 보호 노트를 몇몇 경찰서에서 활용 중이지만 잘 알려지지 않고 있습니다.

   ※ 피해자를 위한 자기 보호 노트는 각 경찰청에 비치되어 있거나,
      각 지역변호사회 홈페이지에서 다운로드할 수 있습니다.
   ※ 부록2(206쪽)에 자기 보호 노트 체크리스트 수록

불량 수사관 민원 제기 방법

▸ 기관 내부: 각 경찰서 청문감사관실(대개 1층에 위치)에 민원 제기. 수사관 교체를 원하면 수사관 기피 신청을 하시면 됩니다. 기피 신청 허용률이 높은 편입니다.

▸ 기관 외부: 상위기관-국민신문고(www.epeople.go.kr)에 민원 제기

피해자의 권리

▸ 「범죄 피해자 보호 및 지원에 관한 지침」 참조.

▸ 고소장을 제출한 고소인 지위이고, 사건 번호를 알면 사건 진행 상황을 조회할 수 있습니다. 또는 수사 과정에서 미리 수사관에게 연락해 형사사법포털을 이용 가능하게 해달라고 요청하면 됩니다.

- 형사사법포털(www.kics.go.kr)에서 조회 가능

- 증거보전 요청권

- 가명 조서 활용, 인적사항 기재 생략 신청, 추후 피해자 정보 삭제 요청

- 조사 과정이 부당할 경우 조서에 날인하지 않아도 됨

- 수사 과정 녹화, 녹음 요구, 진술 녹음제, 영상녹화 활용하기

- 대질신문, 거짓말 탐지기 활용

- 수사 초기에 적극적으로 협조하기

경찰 → 검찰 불송치 결정 시

검경 수사권 조정 이후 1차 수사 종결권은 경찰에게 있습니다. 경찰은 피해자에게 불송치 결정문 발송 사실 또는 내용을 알려야 합니다. 검찰 불송치 시 이의 신청을 할 수 있으며 수사 과정에서 경찰이 법령 위반, 인권을 침해한 경우 검찰에 민원 제기 가능합니다.

※ 관련 기관
검찰 청문관 / 국민신문고(www.epeople.go.kr) /
국가인권위원회(www.humanrights.go.kr)

디지털 성범죄 피해자 지원 제도와 기관 적극 활용하기

‣ 범죄피해자지원센터(1577-1295): 통합 지원 신청

‣ 피해자 국선변호사 제도

‣ 스마일센터(www.resmile.or.kr): 법무부 소속 기관, 심리적·정신적 트라우마 치료

‣ 법무부 홈페이지·정책·인권·범죄 피해자 보호·지원제도 (www. moj.go.kr/cvs/index.do)

‣ 한국 성폭력 위기센터(www.crisis-center.or.kr)

‣ 성폭력 피해자 무료 법률 지원 사업: 500만 원 한도, 심급당(수사~1심/2심/3심) 120만 원, 법률 지원, 수사, 형사재판, 민사재판

‣ 한국여성인권진흥원(www.stop.or.kr)

‣ 디지털 성범죄 피해자 지원센터(d4u.stop.or.kr)

‣ 성폭력 피해자 통합지원센터(해바라기센터) 성폭력·가정폭력·성매매 피해자 및 그 가족 대상 365일 24시간 상담 지원, 의료지원, 법률·수사지원, 심리치료 지원 등의 서비스를 통합적으로 제공함으로써 피해자가 폭력피해로 인한 위기상황에 대처하고 2차 피해를 방지할 수 있도록 지원. 방문 상담, 전화상담(1336) 가능.

　※ 하반기에는 예산 조기 소진으로 지원받기 어렵다. 더 많은 예산 확보가 필요.

　※ 부록4(214쪽)에 지역별 해바라기센터 일람 수록

‣ 전국범죄피해자지원연합회(민간기구) (www.kcva.or.kr)

‣ 의료 지원: 신체적·정신적 피해 지원 알아보기, 최소 3회 이상 지원받아 의료 기록을 남기면 추후 피해자를 위한 자료로 활용될 수 있습니다.

탄원서 더 똑똑하게 작성하기

1   피해자가 다수임과 상습 범죄임을 강조한다.

아동·청소년 성착취물 범죄 특별 가중 인자에 해당

불특정 또는 다수 피해자를 상대로 하거나 상당 기간에 걸쳐 반복적으로
범행한 경우는 감경 요소로 고려하여서는 안 된다.

> 예) 피고인 아무개는 다수의 미성년자 피해자를 상대로 수개월에 걸쳐
> 성착취물 제작과 유포를 반복적으로 범행했습니다.

2   다수가 조직적으로 저지른 범죄임을 강조한다.
조직 내 가해자의 역할을 언급하고 핵심 인물임을 알린다.

카메라등이용촬영 범죄 특별 가중 인자에 해당

다수인이 역할을 분담하여 조직적으로 범행하거나 범행에 전문적인
장비나 기술을 사용한 경우에 있어서 범행을 주도적으로 계획 또는 실행
지휘하는 등 핵심적 역할을 담당한 경우, 인터넷 등 전파성이 높은 수단을
이용하여 촬영물 등을 유포한 경우.

> 예) 피고인 아무개는 '박사방'에서 조주빈 등 공범들과 공모하여 조직적으로
> 범죄를 저질렀으며, 컴봇을 활용해 회원을 관리하며 전문적 기술을
> 활용하는 등 핵심적 역할을 담당했습니다.

3   전파성 높은 SNS 등 인터넷에 유포한 점을 강조한다.

카메라등이용촬영 범죄 특별 가중 인자에 해당

인터넷 등 전파성이 높은 수단을 이용하여 촬영물 등을 유포한 경우.

> 예) 피고인 아무개는 전파성이 높은 SNS 등 인터넷을 이용해 범행을
> 저질렀습니다. 아무개가 당시 운영하고 성착취물을 유포한 곳은 최소
> 10개 이상의 텔레그램 단체 채팅방입니다.

4 피해자의 피해 상황을 적는다.

피해자에게 심각한 피해를 야기한 경우, 범행에 취약한 피해자의 구체적인
정의를 두어 피해 정도를 양형에 반영.

> 예) 피고인 아무개는 피해자의 피해 성착취물 영상을 다수에게 유포했을
> 뿐만 아니라 피해자의 신상 정보 역시 유포했습니다. 이로 인해
> 피해자에게 다수의 가해자가 2차 가해를 하는 등 심각한 추가 피해로
> 일상에 큰 어려움을 겪어야 했습니다.

5 이 밖에 가해자에게 성매수를 포함한 성범죄 동종 전과가 있는 경우 역시
강조한다.

탄원서 제출처: 각 법원 종합민원실 형사접수계

※ 부록3(213쪽)에 탄원서 작성 양식 수록

날짜	장소	사건 번호

피고인 이름

재판부, 판사 이름   ※ 모두 작성, 법원에서만 체크할 수 있음

검사 이름

피고인 변호인 이름

피해자 변호사 이름

공판 내용

다음 기일

자기 보호 노트 체크리스트[+]

① **조사일**

년　　월　　일　　회 조사

❶ **조사일시를 조사자와 협의하여 정할 수 있습니다.**
   조사일시를 협의하여 정했나요?
   □ 예　　□ 아니오

❷ **조사 장소**
   □ 경찰서 (　　　경찰서　　　과)
   □ 검찰청 (　　　　　　　　)
   □ 기타 장소 (　　　　　　)

❸ **조사자 이름**
   수사관　　　　　, 검사

❹ **조사 시작 시각 (　　:　　)**
   조사 종료 시각 (　　:　　)

+　　출처: 민주사회를 위한 변호사 모임,
피의자 방어권 보장과 자기 보호 노트

❶ 수갑, 포승 등 보호장비를 착용하고 조사받았나요?

　□ 예　　□ 아니오

❶-1　보호장비를 착용하고 조사받은 이유가 무엇인가요?

❶-2　보호장비를 풀어달라고 조사자에게 요구하였나요?

❷ 조사를 시작할 때, 당신에게 대답(진술)을 거부할 수 있는
권리(진술거부권)와 변호인의 도움을 받을 권리(변호인의 조력을 받을
권리)가 있다고 조사자가 알려주었나요?

　□ 예　　□ 아니오　　□ 기억나지 않음

❸ 조사 시 영상녹화를 하였나요?

　□ 하였음　　□ 하지 않았음

❸-1　영상녹화는 조사 개시부터 종료까지 전체 과정에 대해 이루어졌나요?

　　□ 예　　□ 아니오(녹화하지 않은 부분 :　　　　　　　　)

❸-2　녹화한 영상물을 재생하여 시청하였나요?

　　□ 예　　□ 시청을 요청하지 않음　　□ 시청을 요청했으나 거절당함

❹ 조사받으면서 메모할 수 있었나요?

　□ 예　　□ 아니오(이유 :　　　　　　　　)

❺ 조사받으면서 잠시 쉬고 싶을 때 쉴 수 있었나요?

　□ 예　　□ 휴식을 요청하지 않음
　□ 휴식을 요청했으나 쉬지 못함(이유 :　　　　　　　　)

❻ 조서를 작성하지 않는 상태에서 사건 조사가 이루어진 일이 있나요?

　□ 예　　□ 아니오

③ 조사 내용과 당신의 진술

❶ 당신은 범죄를 저질렀는지 묻는 질문에 어떻게 대답(진술)하였나요?

☐ 진술거부(대답하지 않겠다고 말했다)
☐ 부인(범죄를 저지르지 않았다고 말했다)
☐ 일부 부인(일부 범죄는 인정했고, 일부 범죄는 저지르지 않았다고 말했다)
☐ 자백(범죄를 인정했다)

❷ 조사자가 집중적으로 물어본 게 무엇인가요?

**❸ 당신이 진술을 거부하거나 범행 전부 또는 일부를 하지 않았다고
진술했을 때, 조사자가 폭언하거나 수치심, 모욕감을 주거나,
비하하는 말을 하지는 않았나요?(조사자가 한 말이나 행동 중에 기억나는
것이 있으면 적으세요.)**

④ 피의자신문조서에 관하여

❶ 조사 시작부터 종료까지 대답(진술)한 모든 내용이 피의자신문조서에 포함되었나요?

□ 예   □ 아니오

(포함되지 않은 조사 내용 :   )

❷ 조사를 마치고 당신은 조서를 읽어보았나요(아니면 조사자가 읽어서 들려주었나요)?

□ 예   □ 아니오

❸ 당신이 대답(진술)한 대로 조서가 작성되었나요?

□ 진술한 내용과 다름   □ 진술한 내용 그대로임   □ 모르겠음

❸-1 진술한 것과 달랐다면, 다르게 작성된 부분을 구체적으로 적으세요.

❸-2 진술과 다르게 작성된 부분을 고쳐달라고 요청하였나요?

□ 요청하지 않음   □ 요청하여 고침   □ 요청히였으나 고치지 않음

❹ 조서에 서명날인(이름을 쓰고 도장 또는 손도장을 찍음)을 하였나요?

□ 예   □ 아니오(거부했음)

신체적 또는 정신적 장애로 질문을 이해하고 의사를 표현하는 데에
어려움이 있거나 연령, 성별, 국적 등 사정으로 심리적 안정과 의사소통이
필요한 경우에는 가까운 사람과 함께 조사를 받을 수 있습니다.

❶ 조사자가 당신에게 심리적으로 안정이 필요하거나 의사소통에
어려움이 있다면 가까운 사람과 함께 조사받을 수 있다고 알려주었나요?

☐ 예   ☐ 아니오

❷ 조사자에게 가까운 사람과 함께 조사를 받게 해달라거나
불편한 점을 해소해달라고 요청하였나요?

☐ 예   ☐ 아니오

❸ 조사자가 가까운 사람과 함께 조사받게 하거나 불편한 점을
해결해 주었나요?

☐ 예   ☐ 아니오

❹ 만약 당신의 요청이 받아들여지지 않았다면,
그 구체적인 이유가 무엇인가요?

외국인 또는 한국어 사용에 어려움이 있는 경우

당신이 외국인이거나 한국어 사용에 어려움이 있다면, 당신이 의지할
수 있는 사람과 함께 조사를 받게 해달라고 조사자에게 요구할 수
있습니다(형사소송법 제244조의5).

❶ 당신은 법률용어를 포함한 한국어를 충분히 이해하고 말할 수 있나요?

☐ 예   ☐ 부분적으로만 가능함   ☐ 아니오

❷ 조사자가 한국의 수사절차를 설명하였나요?

☐ 예   ☐ 아니오

❸ 조사자가 믿을 수 있는 사람과 함께 조사를 받게 하는 등
편의를 제공하였나요?

☐ 예   ☐ 아니오

❹ 통역인이 통역하였나요?

☐ 예   ☐ 아니오

❺ 조사를 마치고 통역인이 피의자신문조서를 읽으면서 통역하였나요?

☐ 예   ☐ 이니오

❻ 통역을 쉽게 이해할 수 있었나요?

☐ 이해할 수 있었음
☐ 이해할 수 없는 부분이 있었음
☐ 이해할 수 없었음

❼ 통역인이 없었거나 당신이 요구한 편의가 제공되지 않았다면,
그 구체적인 이유가 무엇이었나요?

7 기타 조사과정이나 피의자신문조서와 관련하여
적지 못한 부분이 있으면 적으세요.

8 이 노트를 언제, 어디서 작성하고 있습니까?

☐ 조사 중 작성
☐ 휴식시간에 작성
☐ 조사 종료 후 작성(년   월   일)

서명

탄원서 양식

사건 번호	죄명
피고인	
탄원인	
주소	
전화번호	

년   월   일

위 탄원인   (인)

재판장님 귀중

해바라기센터—위기지원형

대상	성폭력·가정폭력·성매매 피해자와 가족(모든 연령 및 성별 포함)
운영 시간	365일 24시간
지원 내용	• 위기상황 대응 • 상담, 의료, 수사, 법률 지원 • 진술 녹화 실시

센터명	주소		
	위탁병원	연락처	웹사이트 주소/이메일
서울동부	서울 송파구 송이로 123 경찰병원 1층		
	경찰병원	02-3400-1700 F. 02-3400-1694	www.smonestop.or.kr seoulonestop@police.go.kr
서울남부	서울 동작구 보라매로5길 20 보라매병원 희망관 2층		
	보라매병원	02-870-1700 F. 02-870-1116	www.smsonestop.or.kr bbh9566@hanmail.net
부산동부	부산 연제구 월드컵대로 359 부산의료원 지하 1층		
	부산의료원	051-501-9117 F. 051-506-4117	www.bsonestop.or.kr bsonestop@hanmail.net
대구	대구 서구 평리로 157 대구의료원 서관 2층		
	대구의료원	053-556-8117 F. 053-556-5117	www.tgonestop.or.kr dgonestop@daum.net
인천동부	인천 동구 방축로 217 인천의료원		
	인천의료원	032-582-1170 F. 032-582-1179	www.iconestop.or.kr iconestop@hanmail.net
인천북부	인천 부평구 동수로 56 가톨릭대학교 인천성모병원		
	카톨릭대학교 인천성모병원	032-280-5678 F. 032-280-5677	www.icnonestop.or.kr icnonestop@hanmail.net

센터명	주소		
	위탁병원	연락처	웹사이트 주소/이메일
광주	광주 동구 필문대로 365 조선대학교병원 2층		
	조선대병원	062-225-3117 F. 062-234-3117	www.gjonestop.or.kr gjonestop@hanmail.net
경기북동부	경기 의정부시 흥선로 142 의정부의료원 본과 3층		
	의정부의료원	031-874-3117 F. 031-872-4117	www.ggnonestop.or.kr ggnone-stop@hanmail.net
경기서부	경기 안산시 단원구 원포공원로 10 단원병원 신관 7층		
	단원병원	031-364-8117 F. 031-365-5222	www.ggwsunflower.or.kr stop@ggwsunflower.or.kr
충북	충북 청주시 서원구 흥덕로 48 청주의료원		
	청주의료원	043-272-7117 F. 043-268-7117	www.cbonestop.or.kr cj-onestop@hanmail.net
충남	충남 천안시 동남구 망향로 201 단국대학교병원 1층		
	단국대병원	041-567-7117 F. 041-522-8117	www.cnonestop.or.kr cnone-stop@hanmail.net
전북	전북 전주시 덕진구 건지로 20 전북대학교병원 응급의료센터 지하 1층		
	전북대병원	063-278-0117 F. 063-278-2117	www.jb-onestop.or.kr jbonestop@hanmail.net
전남동부	전남 순천시 순광로 221 순천성가롤로병원 별관		
	성가롤로병원	061-727-0117 F. 061-727-9024	www.jnonestop.or.kr jnonestop@hanmail.net
경북북부	경북 안동시 태사2길 55 안동의료원 지하 1층		
	안동의료원	054-843-1117 F. 054-843-6117	www.gbonestop.or.kr gbonestop@hanmail.net
경북서부	경북 김천시 신음1길 12 김천제일병원 7층		
	김천제일병원	054-439-9600 F. 054-439-8700	www.sbonestop.or.kr sbonestop@hanmail.net
경남	경남 창원시 마산합포구 완월동7길 74		
	마산의료원	055-245-8117 F. 055-247-3117	www.gnonestop.or.kr gn1stop@hanmail.net

해바라기센터―아동형

대상	성폭력 피해자와 가족(19세 미만 아동·청소년, 모든 연령 및 성별 지적장애인)
운영 시간	월~금 9:00~18:00
지원 내용	• 상담, 의료, 수사, 법률, 심리 지원 • 장기 상담과 치료 지원 • 아동형은 센터 운영 시간 외 시간은 재택당직근무제를 통해 24시간 상시 상담 및 치료 연계 지원함

센터명	주소		
	위탁병원	연락처	웹사이트 주소/이메일
서울	서울 마포구 백범로 23 구프라자 7층		
	연세의료원	02-3274-1375 F. 02-3274-1377	www.child1375.or.kr help@child1375.or.kr
대구	대구 중구 국채보상로 140길 32 2,3층		
	경북대병원	053-421-1375 F. 053-421-1370	www.csart.or.kr ysf1375@hanmail.net
인천	인천 남동구 남동대로 769 한성빌딩 2층		
	가천대 길병원	032-423-1375 F. 032-432-1375	www.sunflowericn.or.kr isc1375@gilhospital.com
광주	광주 동구 제봉로 57 웰클리닉 4층		
	전남대병원	062-232-1375 F. 062-232-1375	www.forchild.or.kr sunflower1375@hanmail.net
경기	경기 성남시 분당구 판교로 471 한화빌딩 5층		
	분당차병원	031-708-1375 F. 031-708-1355	www.sunflower1375.or.kr sunflower1375@sunflower1375.or.kr
충북	충북 충주시 봉현로 222 보성빌딩 4층		
	건국대 충주병원	043-857-1375 F. 043-857-1380	www.helpsunflower.or.kr cscc1375@hanmail.net
전북	전북 전주시 덕진구 백제대로 751 뱅크빌딩 2층		
	전북대병원	063-246-1375 F. 063-247-1377	www.jbsunflower.or.kr jbsunflower@hanmail.net

해바라기센터-통합형

대상	성폭력·가정폭력·성매매 피해자와 가족(모든 연령 및 성별 포함)
운영 시간	365일 24시간
지원 내용	• 위기상황 대응
	• 상담, 의료, 수사, 법률, 심리 지원
	• 장기 상담과 치료 지원
	• 진술 녹화 실시

센터명	주소	연락처
	위탁병원	웹사이트 주소/이메일
서울	본관 서울 종로구 대학로 101 서울대학교 함춘회관 지하 1층	02-3672-0365 F. 02-3672-0368
	별관 서울 종로구 대학로8가길 56 동숭빌딩 2층	02-745-0366, 0367 F. 02-745-0368
	서울대병원	www.help0365.or.kr help@help0365.or.kr
서울중부	서울 중구 을지로 245	02-2266-8276 F. 02-2276-2056
	국립중앙의료원	www.scsunflower.or.kr sunflower@nmc.or.kr
부산	부산 서구 구덕로 187 부산대학교병원 융합의학연구동 3층	051-244-1375 F. 051-244-1377
	부산대병원	www.pnuh.or.kr bssun1375@gamil.com
대전	대전 중구 문화로 282 충남대학교병원 본관 2층	042-280-8436 F. 042-280-8434
	충남대병원	www.djsunflower.or.kr djonestop@hanmail.net
울산	울산 남구 월평로171번길 13 울산병원 8층	052-265-1375 F. 052-244-6117
	울산병원	www.ussunflower.or.kr ussunflower@hanmail.net

센터명	주소		연락처
	위탁병원		웹사이트 주소/이메일
경기남부	거점	경기 수원시 영통구 월드컵로179번길 7 도병원약국 3층	031-217-9117 F. 031-217-5198

	통합	경기 수원시 영통구 월드컵로 164, 아주대병원 내	별관 031-215-1117
			    F. 031-214-9373
			응급 031-216-1117
			    F. 031-216-1109

	아주대병원		www.ggsunflower.or.kr 거점 basecenter@daum.net 통합 ggsunflower1117@daum.net
경기북서부	거점	경기 고양시 덕양구 화수로14번길 55	통합 031-816-1375 F. 031-816-1399
	별관	경기 고양시 덕양구 화정로 65-1 우리프라자 501호	응급 031-816-1374 F. 031-816-7399
	명지병원		www.gnwsunflower.or.kr gnwsunflower@gmail.com
경기중부	본관	경기 부천시 원미구 조마루로 170, 순천향대 부속 부천병원 별관 지하 2층	032-651-1375 F. 032-651-1376
	별관	경기 부천시 길주로 288, 다운타운빌딩 801호	032-328-1375 F. 032-328-1376
	순천향대 부천병원		www.gcsunflower.or.kr joongboo2020@daum.net
강원서부	강원 춘천시 백령로 156 강원대학교병원 어린이병원 지하2층		033-252-1375 F. 033-254-1376
	강원대병원		www.gwsunflower.or.kr gwchildsaver@hanmail.net
강원동부	강원 강릉시 강릉대로419번길 42 강릉동인병원 별관		033-652-9840 F. 033-652-9839
	강릉동인병원		www.sunflower6447.or.kr sunflower6447@hanmail.net

센터명	주소		연락처
	위탁병원		웹사이트 주소/이메일
강원남부	강원 원주시 일산로 20 원주세브란스기독병원 (문창모기념관 5층)		033-735-1375 F. 033-742-1375
	원주세브란스기독병원		www.gnsunflower.or.kr gnsunflower@naver.com
전북서부	전북 익산시 무왕로 895 원광대병원		063-859-1375 F. 063-859-1353
	원광대병원		www.wksunflower.or.kr wksunflower@hanmail.net
전남	전남 영광군 영광읍 신남로 265 6층		061-351-4375 F. 061-353-4375
	영광기독병원		www.jnsunflower.or.kr jnygsun@hanmail.net
경북동부	경북 포항시 남구 대잠동길 17 포항성모병원 루가관 지하3층		054-278-1375 F. 054-278-1350
	포항성모병원		www.gbsunflower.or.kr gbsunflower@hanmail.net
경남서부	경남 진주시 강남로 79 경상대학교병원 권역응급센터 3층		055-754-1375 F. 055-754-1378
	경상대병원		www.savechild.kr gsc1374@hanmail.net
제주	위기 지원	제주 제주시 도령로 65, 2층	064-749-5117 F. 064-749-6117
	지속 관리	제주 제주시 남녕로 5-3 별관 3층	064-748-5117 F. 064-748-6117
	한라병원		www.jjonestop.or.kr 117stop@hanmail.net

1 작량감경은 판사의 재량에 따라 법정형의 절반까지 깎을 수 있는 제도로, 세계에서 한국과 일본 등에만 존재한다. 2021년 12월부터 용어만 '정상참작감경'으로 바뀌었을 뿐 여전히 손쉽게 처벌을 약화하는 법관의 무기다.

2 손정우는 세계 최대의 아동음란물 유포 사이트 '웰컴투비디오'를 운영하며 유료회원을 대상으로 수억 원 상당을 받고 아동음란물을 제공한 혐의로 한국에서 1년 6개월형을 받았다. 국내 판결과 별개로 미국 연방대배심이 6개 죄명, 9개 혐의로 손정우를 별도 기소해 범죄인 인도 조약에 따른 강제 송환을 요구했고 신생아부터 5세 이하 아동을 대상으로 한 음란물 약 25만 건을 유통한 손정우의 범죄는 미국에서 이론적으로 최대 60년의 징역이 가능하다고도 일컬어졌다. 그러나 대한민국 법무부가 최종적으로 범죄인 인도 거부 결정(서울고법 형사20부 재판장 강영수)을 내려 국민의 공분을 샀다.

3 추적단 불꽃은 '불'과 '단' 두 사람으로 구성된 기자단으로서 2019년 7월 텔레그램 성착취 'n번방 사건'을 취재해 세상에 알렸다. 이들은 실명과 얼굴을 공개하지 않은 채 디지털 성범죄의 실태를 밝히며 기사를 보도하고 강의를 진행하는 등 성범죄 근절을 위해 다양한 활동을 했다. 현재는 단이 '불꽃'으로 활동을 이어가며, 불(박지현)은 2022년 1월 실명과 얼굴을 드러내고 20대 대선 레이스에서 유의미한 결집을 이끌어낸 뒤 더불어민주당 공동비상대책위원장으로 선임되었다.

4 "[n번방 추적기①] 텔레그램에 강간노예들이 있다" 『국민일보』 2020.03.09.

5 디지털 성범죄 끝장 프로젝트 '너머n'(stopn.hani.co.kr). 피해자의 편지는 『한겨레21』 1340호에 실렸다.

6 리셋(ReSET)은 디지털성범죄 근절을 목표로 하는 여성 활동가 집단으로, 2019년 12월부터 온라인 중심 반디지털성폭력운동을 이어오고 있다. 모니터링을 통한 채증 및 수사 공조, 피해자 연대, 유관기관 대상 강연 및 브리핑 등의 활동을 한다.

7 Human Rights Watch, "My Life is Not Your Porn—Digital Sex Crimes in South Korea", 2021.

8 의정부지법 형사1부(재판장 오원찬 부장판사)가 레깅스를 입은 여성의 뒷모습을 몰래 촬영한 혐의로 기소된 남성에게 무죄를 선고하면서, 무단으로 촬영된 피해자 사진을 판결문에 첨부했다.

9 울산에서 일명 '조건사냥'으로 명명(가해자들이 붙인 이름이다)된 온·오프라인 결합형 성착취·성폭력('성매매') 사건 재판의 재판부였던 박주영 판사가 저서 『법정의 얼굴들』(2021)에서 언급.